रामधारी सिं[illegible]

जन्म : 23 सितम्बर, 1908 को [illegible] के मुंगेर जिले के सिमरिया नामक गाँव में हुआ था। शिक्षा मोकामा घाट के रेलवे हाईस्कूल तथा फिर पटना कॉलेज में हुई जहाँ से उन्होंने इतिहास विषय लेकर बी.ए. (ऑनर्स) की परीक्षा उत्तीर्ण की। एक विद्यालय के प्रधानाचार्य, सब-रजिस्ट्रार, जन-सम्पर्क के उप-निदेशक, भागलपुर विश्वविद्यालय के कुलपति, भारत सरकार के हिन्दी सलाहकार आदि विभिन्न पदों पर रहकर उन्होंने अपनी प्रशासनिक योग्यता का परिचय दिया। 1924 में पाक्षिक 'छात्र सहोदर' (जबलपुर) में प्रकाशित पहली कविता से साहित्यिक जीवन का आरम्भ।

प्रमुख कृतियाँ : कविता–रेणुका, हुंकार, रसवन्ती, कुरुक्षेत्र, सामधेनी, बापू, धूप और धुआँ, रश्मिरथी, नील कुसुम, उर्वशी, परशुराम की प्रतीक्षा, कोयला और कवित्व, हारे को हरिनाम आदि। **गद्य**–मिट्टी की ओर, अर्धनारीश्वर, संस्कृति के चार अध्याय, काव्य की भूमिका, पन्त, प्रसाद और मैथिलीशरण, शुद्ध कविता की खोज, संस्मरण और श्रद्धांजलियाँ आदि।

सम्मान : 1959 में 'संस्कृति के चार अध्याय' पर साहित्य अकादेमी पुरस्कार और पद्मभूषण की उपाधि। 1962 में भागलपुर विश्वविद्यालय की तरफ से *डॉक्टर ऑफ लिटरेचर* की मानद उपाधि। 1973 में 'उर्वशी' पर भारतीय ज्ञानपीठ पुरस्कार। अनेक बार भारतीय और विदेशी सरकारों के निमंत्रण पर विदेश-यात्रा।

निधन : 24 अप्रैल, 1974

सीपी और शंख

रामधारी सिंह 'दिनकर'

लोकभारती पेपरबैक्स

लोकभारती पेपरबैक्स में
पहला संस्करण : 2019
तीसरा संस्करण : 2025

लोकभारती पेपरबैक्स : उत्कृष्ट साहित्य के लोकप्रिय संस्करण

लोकभारती प्रकाशन
पहली मंजिल, दरबारी बिल्डिंग, महात्मा गांधी मार्ग,
प्रयागराज-211 001
द्वारा प्रकाशित

वेबसाइट : www.lokbhartiprakashan.com
ईमेल : info@lokbhartiprakashan.com

शाखाएँ : 1-बी, नेताजी सुभाष मार्ग, दरियागंज, नई दिल्ली-110 002
अशोक राजपथ, साइंस कॉलेज के सामने, पटना-800 006
1, अनमोल सोराबजी संतुक लेन, धोबी तलाव, मरीन लाइंस, मुम्बई-400 002

बी.के. ऑफसेट
नवीन शाहदरा, दिल्ली-110 032
द्वारा मुद्रित

मूल्य : ₹199

SIPI AUR SHANKHA
Poems by Ramdhari Singh 'Dinkar'

ISBN : 978-93-89243-05-5

प्राक्कथन

पूज्य राष्ट्रकवि रामधारी सिंह 'दिनकर' को गुजरे छियालीस वर्ष हो गए। अब उनकी 110वीं जयन्ती का वर्ष बीत रहा है।

यूँ तो महाकवि दिनकर जी को राष्ट्रकवि कहा गया है पर महीयसी महादेवी वर्मा ने कहा था कि वे विश्वकवि हैं, क्योंकि उनकी कविताओं में मात्र राष्ट्रीयता की वाणी और उसकी स्वायत्तता का गौरवगान और संघर्ष नहीं है वरन् प्रेम का एक व्यापक क्षितिज है जो उन्हें विश्वकवि की श्रेणी में ले आता है। वस्तुतः दिनकर जी एक ही साथ विश्वकवि, महाकवि, राष्ट्रकवि और जनकवि—सभी हैं। उनकी विभिन्न कविताओं में भिन्न-भिन्न तौर पर उनके काव्य-व्यक्तित्व का वैशिष्ट्य प्रकट होता है।

दिनकर जी आज भी पाठकों के सर्वाधिक प्रिय कवि हैं और प्रासंगिक भी। उनकी कविताओं में आग है, राग है और अध्यात्म है। उनकी कविताओं का अवगाहन कर प्रतीत होता है कि वे अपने समकालीन कवियों से अलग तरीके से पाठकों के समक्ष प्रकट होते हैं।

दिनकर जी ने कहा था कि सच्चा कवि हमेशा जीवित रहता है—उसके प्रति राग और द्वेष के कारण उसके सामने उसका सही मूल्यांकन नहीं हो पाता। किसी कवि का सही मूल्यांकन उसके निधन के पचास वर्ष बाद होता है। और हम देख रहे हैं, जैसे-जैसे समय गुजरता जा रहा है, दिनकर जी की कविताओं की लोकप्रियता बढ़ती जा रही है।

पूर्व में दिनकर जी की सभी किताबें लोकभारती प्रकाशन से कुछ नवीन स्वरूप और अलग नाम देकर प्रकाशित हुई थीं। अब सभी पुस्तकें अपने पुराने नाम और प्रारूप में प्रकाशित हो रही हैं। आशा है, इससे दिनकर-प्रेमी हिन्दी साहित्य जगत् सन्तुष्ट होगा।

—अरविन्द कुमार सिंह

दिनकर भवन
आर्य कुमार रोड
पटना-800004

भूमिका

'सीपी और शंख' की कविताएँ मौलिक जैसी लगती हैं, किन्तु वे मौलिक हैं नहीं। अनुवाद तो, कदाचित्, उन्हीं कविताओं को कहना चाहिए जो कुछ चीनी-कवियों तथा लारेंस, गुमिलेव, रिल्के और पशेन की कविताओं को सामने रखकर लिखी गई हैं, किन्तु अन्य कविताओं में से भी प्रायः प्रत्येक का भाव किसी-न-किसी अन्य कवि की कविता से बिम्बित अथवा प्रेरित हुआ है। इसलिए इस पुस्तक की मौलिकता पर मैं अपना अधिकार नहीं मानता।

कविता के अनुवाद की दो पद्धतियाँ अब तक देखने में आई हैं। एक पद्धति का अनुसरण रवि बाबू ने अपनी 'गीतांजलि' के अनुवाद में तथा निकोलसन ने इकबाल

की कविताओं के अनुवाद में किया है। यह पद्धति अनुवाद को मूल के अधिक-से-अधिक निकट रखने का आग्रह रखती है और सच पूछिए तो अनुवाद की सही प्रणाली यही मानी जानी चाहिए। इससे भिन्न पद्धति वह है, जिसका अनुसरण करके फिट्ज़ेराल्ड ने उमर खय्याम का तथा एज़रा पाउंड ने चीनी-कविताओं का अंग्रेजी में अनुवाद किया। यह पद्धति मूल के प्रति कठोर सच्चाई को अनुवाद का कोई बड़ा गुण नहीं मानती। इस पद्धति के अनुवादक मूल से भाव अथवा भावों की प्रेरणा तो लेते हैं, किन्तु रचना के समय वे स्वयं मौलिक हो उठते हैं और मूल के भाव को चमकाने के लिए अनुवाद में ऐसे-ऐसे नये चित्रों की सृष्टि कर डालते हैं जो मूल में नहीं थे, किन्तु जिन्हें लाये बिना अनुवाद में मौलिकता का पूरा आनन्द नहीं लाया जा सकता। सौभाग्य या दुर्भाग्य से मैं इस पिछली पद्धति को ही अपने अधिक अनुकूल पाता हूँ।

अभारतीय भाषाओं में मेरी जानकारी केवल अंग्रेजी तक सीमित है। इसलिए स्पष्ट ही बाहरी कविताओं से मैंने जो कुछ भी लिया है, अंग्रेजी के माध्यम से लिया है। किन्तु मैं मलयालम भी नहीं जानता। मलयालम के कवि श्री कुरुप की कविता का शब्द-प्रति-शब्द हिन्दी गद्यानुवाद मुझे स्वयं कवि से प्राप्त हुआ था। उसी गद्य पर से वह कविता प्रस्तुत हुई, जिसका शीर्षक 'करुणामय की करुणा को शतशः धन्यवाद' है, किन्तु यह कविता भी मूल से कुछ दूर जा पड़ी है, क्योंकि अन्य कविताओं की तरह इस कविता में भी नये-नये चित्र डाले गए हैं, नई भंगिमा और

नूतन विच्छित्ति उत्पन्न की गई है, जो हिन्दी की जीनियस अथवा मेरी पसन्द के अधिक अनुरूप है।

पूछा जा सकता है कि इन कविताओं पर मैंने इतना श्रम क्यों किया? इसका साधारण उत्तर तो यह है कि ये कविताएँ मुझे पसन्द थीं और मैं उनके बिम्बों को अपने पाठकों के मनोरंजनार्थ हिन्दी में परोसना चाहता था। किन्तु कुछ यह बात भी है कि आज हिन्दी में काव्य-विषयक रुचि को परिवर्तित करने का एक विशाल आन्दोलन चल रहा है, जिसमें हमारे बीसियों तेजस्वी नवयुवक काम कर रहे हैं। नूतनता के प्रेमी हमारे ये नौजवान कविता में नये क्षितिजों का निर्माण करना चाहते हैं। वे धरती के भीतर नई धरती और आकाश के भीतर नूतन आकाश की खोज में बड़ी ही निर्भीकता और बेचैनी से तरह-तरह के प्रयोग कर रहे हैं। 'सीपी और शंख' उन्हें यह संवाद देता है कि नवीनता की एक भूमि इस दिशा में भी पड़ती है। इस संग्रह में आए हुए अपेक्षाकृत कुछ पुराने कवियों को यदि छोड़ भी दें तब भी इसमें बीस-पच्चीस कविताएँ तो ऐसी जरूर बच जाती हैं, जिनकी जमीन बिलकुल अछूती एवं भंगिमा अत्यन्त नवीन है। इनमें से कई तो इतनी सूक्ष्म और निर्मल हैं कि वे सात कपड़ों में छाने हुए रस के समान विशुद्ध लगती हैं, जिन्हें कविता का एसेंस अथवा डिस्टिल्ड (सार) कहना चाहिए।

किन्तु मैंने जो श्रम किया, उसका इतना ही महत्त्व नहीं है। कविता में अन्तरराष्ट्रीय रुचि को प्रोत्साहित करने के लिए यह आवश्यक है कि प्रत्येक देश में देश-देश की कविताओं का अनुवाद किया जाए। ऐसे अनुवादों से दो

परिणाम निकलते हैं : पहला तो यह कि अनेक देशों की कविताओं को अगल-बगल रखकर देखने से काव्य-रसिकों की रुचि परिमार्जित होती है, वे पिछड़ी रुचि को छोड़कर अपने भीतर नवीन रुचियों का विकास करते हैं; और दूसरा यह कि अनुवाद के समय अनुवादक कवि को अपनी भाषा की शक्ति और सम्भावनाओं की खोज का अवसर मिलता है।

कोशों के निर्माण से भाषा का बल नहीं बढ़ता। कोश के शब्द निर्जीव होते हैं। जीवन उनमें तब आता है जब उन्हें कवि, चिन्तक और वक्ता की कल्पना की गर्मी के नीचे आने का अवसर मिलता है। लगभग इसी प्रक्रिया से, जब भाषा के सामने यह प्रसंग आता है कि वह किसी अन्य भाषा के कवि अथवा चिन्तक की मनोदशा, चिन्तन की भंगिमा अथवा कल्पना की विच्छित्ति को आत्मसात् करे, तब उसे इस नई अभिव्यक्ति के लिए संघर्ष करना पड़ता है और इस संघर्ष के क्रम में भाषा के भीतर छिपी शक्तियाँ धीरे-धीरे ऊपर आने लगती हैं।

भाषा की प्रच्छन्न सम्भावनाओं के सम्यक् विकास के लिए यह आवश्यक है कि कठोर चिन्तक मौलिक रूप से उस भाषा में चिन्तन करें अथवा अनुवाद के अखाड़े में वह भाषा अन्य भाषाओं के चिन्तकों के विचारों से टकराई जाए। ऊँची-से-ऊँची और बारीक-से-बारीक अभिव्यक्तियों के लिए केवल चिन्तक को ही नहीं, भाषा को भी साधना तथा व्यायाम करना पड़ता है, यद्यपि भाषा की साधना और व्यायाम के माध्यम चिन्तक ही होते हैं। इसलिए ऊँची कविताएँ उसी भाषा में लिखी जाती हैं, जिसमें ऊँची

कविताएँ लिखी जाने की परम्परा रही है तथा उच्च चिन्तन भी उसी भाषा में सम्भव होता है, जिसमें उच्चकोटि के चिन्तक हो चुके हैं। ऐसा नहीं हो सकता कि भाषा तो शरीर की अभिव्यक्ति के लिए बनी हो और आत्मा उसमें पूरी सहजता से बोल जाए; अथवा भाषा तो रोमांस और छायावाद के लिए बनी हो, किन्तु वह बिना पसीना बहाए बौद्धिक काव्य का भी भार वहन कर ले।

हिन्दी में 'नई कविता' की जो बानगी आई है, वह चाहे जितनी भी अक्षम और असमर्थ हो, किन्तु नये काव्य के पक्षपाती विद्वान आगामी काव्य की जिस रूप में कल्पना करते हैं, वह अत्यन्त भव्य है। किन्तु क्या यह कविता उस भाषा में लिखी जा सकेगी, जिसमें छायावादी कुहासे और भावुकता के रंगीन धुएँ का आख्यान होता आया है? कविता विज्ञान का प्रतिलोम है। जो चीज विज्ञान है, वह कविता नहीं हो सकती और जो चीज काव्य है, वह विज्ञान नहीं है। छायावादी काव्य और आगामी काव्य के बीच सबसे बड़ा भेद भाषा को लेकर होगा। छायावादी कवि अपने वर्ण्य विषय से दूर भागता है, अतएव वह अपने लिए ऐसी भाषा की अनिवार्यता नहीं महसूस करता जो वस्तु का यथातथ्य वर्णन करने की क्षमता रखती हो। साधारणतः छायावादियों की भाषा में चुस्ती और अभिव्यक्ति में कसावट नहीं होती। ये गुण क्लासिक पद्धति के कवियों में होते हैं। और आगामी काव्य इस दिशा में क्लासिक काव्य से भी आगे जानेवाला है, क्योंकि वह भाषा के मामले में वैज्ञानिक तरीकों का उपयोग करेगा। वैज्ञानिक तरीका यानी विज्ञान का वह

गुण जिसके सहारे वैज्ञानिक अपनी बातों को घटाए-बढ़ाए बिना ठीक उसी ढंग से कहने की योग्यता पाता है, जैसे वे बातें कही जानी चाहिए।

कविता के अब तक अनेक सहायक और मददगार थे। वह कभी तो केवल ललित-लवंगी भाषा के कारण आदरणीय हो उठती थी और कभी गेय छन्दों के कारण ललाम। इसी प्रकार भावुकता की रंगीनी भी उसे प्रिय बना देती थी। किन्तु ये कविता के बाह्य उपकरण हैं। कविता न तो कोमल भाषा, न गेय छन्द, न कोरी भावुकता में है। वह मन की एक विशिष्ट मनोदशा का प्रतिफलन है। वह मनुष्य की उस दृष्टि का नाम है, जो वस्तुओं के उन आभ्यंतर रूपों को देखती और दर्शाती है, जो रूप विज्ञान से देखे नहीं जा सकते; किन्तु जो वस्तु विज्ञान के स्वभाव के परे है, उसका वर्णन आगामी कविता वैज्ञानिक एकुरेसी के साथ करेगी। इसीलिए कविता में यदि हम सचमुच ही कोई नया और बड़ा कदम उठाना चाहते हैं, तो उसकी पहली तैयारी भाषा में चलनी चाहिए। भाषा की तैयारी यानी भाषा को इस अभ्यास में लगाने का काम कि वह प्रत्येक प्रकार की काव्यात्मक मनोदशा को सफाई से अभिव्यक्त कर सके! भाषा की तैयारी यानी भाषा को इस योग्य बनाने का काम कि वह संगीतमयता में बहने से पहले वस्तु का यथातथ्य वर्णन करे; सुन्दर, कोमल और मृदुल होने से पूर्व शक्तिशालिनी तथा सुस्पष्ट बने। रवींद्रनाथ ने कहा था कि जयदेव की भाषा ललित-लवंगी भले हो, किन्तु काव्य-भाषा का आदर्श रूप तो वह है, जिसका प्रयोग कालिदास ने किया है। रवीन्द्रनाथ की इस

उक्ति से और भी शिक्षाएँ निकाली जा सकती हैं और ये सारी शिक्षाएँ आगामी कविता के बड़े काम की होंगी।

चिन्तन और भाषा का परस्पर अन्योन्य सम्बन्ध है। चिन्तन के वैज्ञानिक होने से भाषा में वैज्ञानिकता आती है और जिस भाषा को वैज्ञानिकता का अभ्यास है, उसमें किया जानेवाला चिन्तन भी सुगठित, सही और सुडौल होता है। नये कवि के लक्षण अनेक होंगे, किन्तु उसकी सबसे बड़ी पहचान इसी कसौटी पर की जाएगी कि भाषा के प्रयोग में वह वैज्ञानिक है अथवा नहीं, या उसकी अभिव्यक्तियाँ सुगठित, सही और सुडौल हैं अथवा वह रोमांटिक ढंग से हवा में उड़ रहा है।

ऊपर जो कुछ कहा गया है, उसकी पृष्ठभूमि पर 'सीपी और शंख' की कविताओं पर विचार किया जाए, तो उससे स्वस्थ प्रेरणा उत्पन्न हो सकती है। इसी कटौती पर हमें उन कविताओं की भी परख करनी चाहिए, जो नई कविता के अच्छे उदाहरणों के रूप में हमारे सामने आ रही हैं। 'सीपी और शंख' में भी कई कविताएँ ऐसी हैं जिनकी मूल प्रेरणा रोमांटिक है, जैसे—'तारुण्य! मुझे दो पंख', 'मानिनी', 'करुणामय की करुणा को शतशः धन्यवाद' तथा हाइने और नीत्से की कविताएँ, आदि। और, परिणामतः, उनकी भाषा में भी वैज्ञानिकता का पुट यथेष्ट नहीं आ पाया है। किन्तु पुस्तक के आरम्भ में दी गई कविताओं की भाषा कुछ अधिक वैज्ञानिक है। इन कविताओं में भाषा कोमल और रंगीन होने के लोभ में नहीं पड़ी है, न वह श्रोताओं पर कोई प्रभाव जमाना चाहती है। उसका मूल उद्देश्य कथ्य को अधिक-से-अधिक

ईमानदारी से चित्रित करना है और इस कार्य को वह अत्यन्त विनयशीलता, किन्तु दृढ़ता के साथ सम्पन्न करती है।

यह अत्यन्त सीमित प्रयास का उदाहरण है, किन्तु इससे भी यह अनुमान तो निकलता ही है कि आगामी काव्य की भाषा व्यर्थ के प्रसाधन और मेकअप की उपेक्षा करके केवल उतने ही सौन्दर्य को लेकर विश्व-विजय करेगी, जो स्वस्थ रक्त की आभा से उत्पन्न होता है। नई सभ्यता का गुण चुस्ती और स्फूर्ति है। राजाओं की बड़ी-बड़ी जड़ाऊ पोशाकें संग्रहालयों में अब भी देखने को मिलती हैं और दृष्टि को वे भली भी लगती हैं, किन्तु स्वयं राजे भी तो अब बुश्शर्ट ही पहनना पसन्द करने लगे हैं। मकानों के भी ढाँचे अब बदल गए हैं। पहले हम तड़क-भड़क को ज्यादा पसन्द करते थे और मकान भी भड़कीले बनाया करते थे, किन्तु अब मकानों में तड़क-भड़क नहीं, झरोखों और हवादारी का अधिक महत्त्व है। और तो और, औरतों तक ने जेवर पहनना प्रायः छोड़ दिया है एवं स्थूलता से लोगों में इतनी विरक्ति जाग्रत हुई है कि अब नर और न[illegible]नों ही प्रयासपूर्वक अपने शरीर को दुबला किन्तु चु[illegible]ना चाहते हैं। नई कविता भी इसी प्रकार फालतू [illegible]रणों को छोड़कर केवल रक्त के सौन्दर्य पर जीना चाहती है। रक्त का सौन्दर्य यानी वह चीज जो कविता को विज्ञान से अलग करती है तथा जिसकी अल्पता अथवा आधिक्य के कारण उपन्यास की अपेक्षा नाटक और नाटक की अपेक्षा कविता अधिक कवित्वपूर्ण मानी जाती है।

'सीपी और शंख' की कौन कविता किस कवि की कविता का प्रतिबिम्ब है, यह सूचित करने को पुस्तक के अन्त में एक सूची लगा दी गई है।

यदि पाठकों, विशेषतः, कविता में नवीन रुचि रखनेवाले पाठकों को इस संग्रह से किंचित् भी आनन्द मिला, तो मैं अपने श्रम को सार्थक समझूँगा। इति।

—रामधारी सिंह 'दिनकर'

रक्षाबन्धन
नई दिल्ली
सन् 1957 ई.

ऐसे में, बस, एक बात है जो कहता हूँ,
वाणी का पाषण्ड, इसे तुम वापस कर लो।
मुझे छोड़ दो एक मौन, इस गलियारे से
मन चाहे जितने कक्षों तक जा सकता है।

अनुक्रम

१

सीपी और शंख

झील

मत छुओ इस झील को।
कंकड़ी मारो नहीं,
पत्तियाँ डारो नहीं,
फूल मत बोरो।
और कागज की तरी इसमें नहीं छोड़ो।

खेल में तुमको पुलक-उन्मेष होता है,
लहर बनने में सलिल को क्लेश होता है।

वातायन

मैं झरोखा हूँ
कि जिसकी टेक लेकर
विश्व की हर चीज बाहर झाँकती है।

पर, नहीं मुझ पर,
झुका [illegible] तो उस जिन्दगी पर
जो मुझे छूकर सरकती जा रही है।

जो घटित होता है, यहाँ से दूर है।
जो घटित होता, यहाँ से पास है।
कौन है अज्ञात? किसको जानता हूँ?

और की क्या बात?
कवि तो आप अपना भी नहीं है।

समुद्र का पानी

बहुत दूर पर
अट्टहास कर
सागर हँसता है।
दशन फेन के,
अधर व्योम के।

ऐसे में सुन्दरी! बेचने तू क्या निकली है,
अस्त-व्यस्त, झेलती हवाओं के झकोर
सुकुमार वक्ष के फूलों पर?

सरकार!
और कुछ नहीं,
बेचती हूँ समुद्र का पानी।

तेरे तन की श्यामता नील दर्पण-सी है,
श्यामे! तूने शोणित में है क्या मिला लिया?

सरकार!
और कुछ नहीं,
रक्त में है समुद्र का पानी।

माँ! ये तो खारे आँसू हैं,
ये तुझको मिले कहाँ से?

सरकार!
आँख से झरता है केवल समुद्र का पानी।
यह हृदय! और यह कड़वाहट।
ये दोनों मिले कहाँ पर?

सरकार!
बहुत ही कड़वा होता है समुद्र का पानी।

बहुत दूर पर।
अट्टहास कर
सागर हँसता है।
दशन फेन के,
अधर व्योम के।

नाम

तुम कहाँ से आ रहे हो?
नाम क्या है?
वह पुकारू शब्द मत मुझको बताओ,
जो तुम्हारा आवरण है।

पर, कहो वह नाम
जिसको फूल औ' नक्षत्र, ये कहते नहीं हैं।
नाम जो असहाय मर जाता उसी दिन
जिस दिवस हम भूमितल पर जन्म लेते हैं।

तुम जवानी हो?
कि शैशव आप अपना पाठ फिर दुहरा रहा है?
जिन्दगी हो?
या सुनहला रूप धर कर मृत्यु विचरण कर रही है?

कवि और प्रेमी

प्राप्त है इनको सखे! कुछ ज्ञान भी, अज्ञान भी।
वायु हैं ये,
विश्व के मन को बहा कर
सत्य-सुषमा की दिशा की ओर करते हैं।
मानवों में देवता जो सो रहे, उनको जगाते हैं।
रात्रि के ये क्रोध हैं,
हुंकार भरते हैं तिमिर में
और हाहाकार करके भोर करते हैं।

आँख के हैं अश्रु कोई भी न जिनको जानता है।
सिन्धु-तट की वह मधुरता है
न जो मिटती कभी है।

बालुका पर मनुज के पद-चिन्ह जो पड़ते,
ये जुगा उनको भविष्यत के लिए धरते।

तुम सड़क पर जा रहे थे

तुम सड़क पर जा रहे थे,
मैं बगल की वीथि पर;
तुम बहुत थे तेज,
मेरी चाल अतिशय मन्द थी।

और तब मैंने तुम्हें देखा।
मगर, यह क्या हुआ?
पड़ गये मेरे चरण किस व्यूह में?
पाश था वह कौन जिसमें पाँव मेरे फँस गए?
चेतना यह भी नहीं थी जानती,
मैं तुम्हारे पास हूँ या दूर हूँ?

आज भी हैं वीथि पर मेरे चरण,
आज भी तो तुम सड़क पर जा रहे।
वीथि, लेकिन मन्दतर है मन्द से;
तुम निकलते जा रहे, लेकिन, सुरीले छन्द-से।

काढ़ लो दोनों नयन मेरे

काढ़ लो दोनों नयन मेरे,
तुम्हारी ओर अपलक देखना तब भी न छोड़ूँगा।
तुम्हारे पाँव की आहट इसी सुख से सुनूँगा,
श्रवण के द्वार चाहे बन्द कर दो।

चरण भी छीन लो यदि;
तुम्हारी ओर यों ही रात-दिन चलता रहूँगा।
कथा अपनी तुम्हारे सामने कहना न छोड़ूँगा,
भले ही काट लो तुम जीभ, मुझको मूक कर दो।

भुजाएँ तोड़ कर मेरी भले निर्भुज बना दो,
तुम्हें आलिंगनों के पाश में बाँधे रहूँगा।

हृदय यदि छीन लोगे,
उठेंगी धड़कनें कुछ और होकर तीव्र मानस में।

जला कर आग यदि मस्तिष्क को भी क्षार कर दोगे,
रुधिर की वीचियों पर मैं तुम्हें ढोला फिरूँगा।

क्या करोगे देव! जिस दिन मैं मरूँगा?

क्या करोगे देव! जिस दिन मैं मरूँगा?
क्या करोगे जब कलश यह टूट जाएगा?
क्या करोगे जब तुम्हारा पेय मैं
निःस्वाद हूँगा, सूख जाऊँगा?

मैं तुम्हारा आवरण हूँ,
तुम मुझे ही ओढ़ कर सब कार्य करते हो।
तो कहीं मैं खो गया यदि
अर्थ क्या सारा तुम्हारा शेष रहता है?

मैं नहीं, तो तुम न क्या गृहहीन होगे?
मैं नहीं, तो कौन स्वागत के लिए बैठा रहेगा?

मैं तुम्हारी पादुका हूँ;
मैं अगर खोया, तुम्हारी पादुका खो जाएगी।
पादुका की टोह में दोनों चरण वे श्रान्त भटकेंगे,
मगर, तब कौन उन दोनों पदों से लिपट जाएगा?

मैं परिच्छद हूँ तुम्हारे भव्य तन का।
मैं अगर खोया, परिच्छद स्रस्त यह हो जाएगा।

और करुणामय तुम्हारी दृष्टि
जो अभी मेरे कपोलों पर विरम विश्राम करती है,
क्या नहीं बेचैन होगी, क्लेश पाएगी
तल्प जब मेरे कपोलों का नहीं होगा?

मैं चकित हूँ हर घड़ी यह सोच कर
क्या करोगे देव! जिस दिन मैं मरूँगा?

जान सकता हूँ अगर साहस करूँ

जान सकता हूँ अगर साहस करूँ
शृंखला वह जो पवन में, वह्नि में, तूफान में है
और चल उत्ताल सागर में।
जान सकता हूँ अगर साहस करूँ
चेतना का रूप वह जिसमें
वृक्ष से झर कर मही पर पत्र गिरते हैं।

वायु में सूराख है,
सर्वत्र ही कब्रें खुली हैं
हम मनुष्यों को गरसने के लिए।

सातवें के बाद
और पहले रंग के पहले
अँधेरा ही अँधेरा है।

शब्द के उपरान्त केवल स्तब्धता है।
गूँज उसकी जतुक सुनते हैं
कि सुनते मीन सागर के हृदय के।

इन्द्रियों की स्पर्श-रेखा के परे
घूमते हैं चक्र अणुओं, तारकों, परमाणुओं के,
जिन्दगी जिनसे बुनी जाती।

जिन अगम गहराइयों से भागते हैं,
छोड़ कर उनको कहीं आश्रय नहीं मिलता।

गूँजती शंका जभी जीवन-गुफा में,
गूँज उठता है अमरता के परे का व्योम भी।

और निद्रा में
अमित अव्यक्त भावों के
सहस्रों स्वप्न चलते हैं।
ये सहस्रों स्वप्न जो अपने नहीं हैं।

समानान्तर

याद आता है सतत वह दूसरा जलयान
एक प्रातःकाल जिस पर दृष्टि भूली थी
चीर कर पौ के सुनहले आवरण को।
यों लगा, मानो, अँधेरे की हथेली पर
जगमगाता हो हमारा बिम्ब
अथवा अन्य युग कोई
कि कोई दूसरा जीवन समानान्तर
जिसे निज में मिला लेना
कि जिसमें लीन हो जाना सुगम हो।

एक दिन हम थे निकट इतने
कि अपनी डेक पर होकर खड़े
उनके मधुर अभिवादनों की गूँज सुनते थे;

देखते थे उन सहस्रों आननों की रूप-रेखाएँ
धुँधलके में
खड़े जो झिलमिलाते थे समानान्तर हमारे
और तब हम मुड़ चले,
मानो, किसी अपराध ने हमको डँसा हो।

किन्तु, अब तो
सिन्धु है फैला हमारे बीच
भग्न आशा के अगम अम्बार-सा।
मिल नहीं सकते कभी हम,
अब नहीं पूरी कभी होगी दरस की लालसा।

समानान्तरों के आनन सुन्दर होते हैं।
उनमें स्मिति होती है, होता है सम्मोहन,
और निमंत्रण-सा भी कुछ यह भाव
कि 'तुम भी क्यों न हमारी रेखा पर आ जाते हो?'

निस्सहाय मैं किन्तु, नहीं आगे बढ़ पाता।
सम्मुख से जा[illegible]हीं समानान्तर आकृतियाँ;
मैं उनको देखता और, जानें, सुदूर में
कहाँ-कहाँ मन-ही-मन वायु-सदृश फिरता हूँ!

समाधान

वे छोटे-छोटे समाधान, छोटे उत्तर
थे मुझे बहुत प्रिय, उन्हें निकट मैं रखता था।
जब बड़े प्रश्न मन को खरोंच कर व्रण करते,
तब भी मैं लेकर आड़ इन्हीं नन्हे-नन्हे निष्कर्षों की
मानस की शान्ति बचा लेता, प्राणों का सर
ईषत् कँप कर फिर अचल, शान्त हो जाता था।

ऊँची, अपार शंकाओं को भीतर के तम में दबा मग्न
मैं नन्हे भावों को दुलार कर बड़े प्रेम से जीता था।
दिन में घेरे रहते अपार सुकुमार फूल छोटे-छोटे,
रजनी नन्हे-नन्हे तारों के कलरव में कट जाती थी।

तब जगे एक दिन वे बलशाली समाधान,
अथ से इति का सम्पूर्ण ज्ञान रखनेवाले;

जीवन का मूल हिला बोले :
'हम से क्या भय?
हम दूत सत्य के हैं,
हमको जानो, मानो, स्वीकार करो।'

जीवन का वन कम्पायमान;
हिल रही वाटिका और महल भी हिलते हैं।
मानस का यह भूडोल कहाँ पर दम लेगा?
हैं बाँध बना कर खड़े

आज भी मेरे वे छोटे उत्तर,
छोटे मनुष्यो के नन्हे-छोटे समाधान।
पर, लगता है, यह बाँध नहीं टिक पाएगा,
बलशाली व्यापक समाधान विजयी होंगे।

सब महीयान निष्कर्ष दूर के निकट हुए-से जाते हैं।

वेदना का रसायन

दो, निरन्तर टीस दो, छोड़ो न मुझको,
मांस में यों ही शलाकाएँ चुभाओ,
देह को यों ही रहो धुनती, तपाती, ऐंठती
मेरी मनोरम वेदने!

हर टीस, हर ऐंठन नया कुछ स्वाद लाती है;
तोड़ कर पपड़ी हृदय में ताजगी भरती,
और आत्मा को चुभन देकर जगाती है।

तुम्हारे श्याम पंखों की कड़क-सी फड़फड़ाहट पर
उमंगों की उड़ानें और भी ऊपर पहुँचती हैं;
व्यथा से चीखता तन, किन्तु, आत्मा गीत है गाती,

जलाती आग जो तुम वह
किसी खरतर अनल का ताप पीकर शान्त हो जाती।

दिवस निस्तेज थे जो
अब नई कुछ रौशनी उनमें दमकती है,
भुवन जो शुष्क था उसमें, न जाने,
विभा यह किस अलभ सौन्दर्य की क्षण-क्षण चमकती है।
सभी कुछ दिव्य है, नूतन प्रखर है,
चतुर्दिक् प्रेरणा निर्माण की लहरा रही है;
चुभन है, टीस है, अथवा मुझे तंत्री बना कर
रगों की ताँत पर कोई परी कुछ गा रही है।

अभी तो वेदना के इस परम उन्नत शिखर से
भुवन यह तुच्छ, अतिशय तुच्छ लगता है,
जहाँ चिकने, मृदुल तनु इसलिए चिकने, मृदुल होते
कि पीड़ा की कसौटी पर न वे अब तक चढ़े हैं;
जहाँ नीरोग तन केवल पड़े विश्राम करते हैं,
जहाँ पर देह रोगों से अनुद्भासित जिया करती
अपरिचित सत्य से,
जाने बिना आलोक की उस छटपटाहट को
जिसे संसार में सब व्याधि, रुज, उपताप कहते हैं।

नहीं, इस दिव्य सुख का भेद
मैं बतला नहीं सकता
कभी भी चींटियों के झुंड को।

भला इस झुंड में है कौन जो इसको समझ सकता
कि कितनी दर्द की खा चोट यह आनन्द जन्मा है?

मगर, मैं जानता हूँ,
घूँट जो जीवित मुझे रखता
बना है अस्थियों को चीरनेवाली भयानक ऐंठनों से
और मेरे मांस के उत्ताप से;
अस्थियाँ जिनको नरक की वेदनाएँ तोड़ती थीं,
मांस जो नरकाग्नि में प्रत्येक पल था भुन रहा।

सबल हो काय, लेकिन, प्राण पीड़ा से विकल हों,
अधम उस आयु की इच्छा नहीं मुझको।
न तो मैं चाहता वह देह जो दुर्बल नहीं होती,
मगर, जिसके तिमिर में बद्ध आत्मा हारती है;
मुझे तो काम्य केवल प्राण की वह रश्मि जो दुर्जय
न थकती वेदनाओं से,
न बुझती ऐंठनों से, टीस से, पीड़ा, चुभन से;

कलेवर-कोट पर चढ़ कर प्रलय जब नृत्य करता है,
अकेली यह किरण तब मृत्यु को ललकारती है।

करें वे सृष्टि की निन्दा, चले थे फूल पर जो,
अचानक शूल कोई, किन्तु, जिनको चुभ गया है।
मगर, मैं शूल-शय्या के सिवा क्या जानता हूँ?
मनाता हूँ कि ये काँटे चुभन देते रहें मुझको;
रहे जीवित व्यथा वह जो कभी सोने नहीं देती,

रहे आबाद वह पीड़ा कि जिसकी प्रेरणा पाकर
उमंगें प्राण में उन्माद भरती हैं।

किसी अज्ञात सुख में मग्न मैं इस शूल-शय्या पर
कभी दायीं, कभी बायीं तरफ करवट बदलता हूँ।
मुझे जो खा रहा वह दीप्त मेरा ही अनल है।
मगर, मैं मर नहीं सकता कि मैं निद्रा-जयी हूँ,
मगर, मैं मर नहीं सकता कि मैं दिन-रात जलता हूँ।

रूपान्तरण

पूछो कुछ मत और, मुझे सोने जाने दो।
उतर गया जब सम्मोहन, यह विश्व हो गया
अनजाना-सा। आयु लगी लगने कुछ ऐसी,
मानो, वह व्यर्थ ही बहुत लम्बी हो। जाने,
मैंने क्या खो दिया कि सब सूना लगता है!

ऐसे में, बस, एक बात है, जो कहता हूँ,
वाणी का पाषंड, इसे तुम वापस कर लो।
मुझे छोड़ दो एक मौन, इस गलियारे से
मन चाहे जितने कक्षों तक जा सकता है।

और मुझे एकान्त छोड़ कर अब तुम जाओ,
मृत्यु शीघ्र आएगी, उसका वरण करूँगा
सुगम्भीरता से मैं, जैसे नूतन उडु को
सुगम्भीर आकाश मौन रहकर वरता है।

सुख

सुख क्या है? बतला सकते हो?
पंडुक की सुकुमार पाँख या लाल चोंच मैना की?
चरवाहे की बंसी का स्वर?
याकि गूँज उस निर्झर की जिसके दोनों तट
हरे, सुगन्धित देवदारुओं से सेवित हैं?

सुख कोई सुकुमार हाथ है,
जिसे हाथ में लेकर हम कंटकित और पुलकित होते हैं?
अथवा है वह आँख
बोलती जो रहस्य से भरी प्रेम की भाषा में?

या सुख है वह चीज स्पर्श से जिसके मन में
कम्पन-सा होता, आँखों से
मूक अश्रु ढल कर कपोल पर रुक जाते हैं?

सुख कहाँ पर वास करता है?
सुख? अरे, यह ज्योतिरिंगन तो नहीं है
जो द्रुमों की पत्तियों की छाँह में दिन भर छिपा रहता?

याकि सौरभ पुष्प के उर का?
कि कोई चीज ऐसी जो
हवा में नाचती है रात को नूपुर पहन कर?

सुख! तुम्हारा नाम केवल जानता हूँ।
मैं हृदय का अन्ध हूँ;
मैंने कभी देखा नहीं तुमको।
इसलिए, प्यारे! तुम्हें अब तक नहीं पहचानता हूँ।

पर, कहो, तुम, सत्य ही, सुन्दर बहुत हो?
पुष्प से, जल से, सुरभि से
और मेरी वेदना से भी मधुर हो?

आधा चाँद

सरसी में लो उतर गया अब चाँद,
व्योम अभी कितना निश्चल लगता है!

तारों की जो फसल ताल में लहराती है,
हँसिया बन कर चाँद काटने को आया है।

किन्तु, एक मेढक उस पर यों झपट रहा है,
मानो, वह चन्द्रमा नहीं, दर्पण हो कोई!

ज्योतिषी

दूर-वीक्षण-यंत्र से तुम व्योम को ही देखते हो?
एक ग्रह यह भूमि भी तो है।
कभी देखो इसे भी यंत्र के बल से।

न समझो यह कि धरती तो
हमारी सेज है, उत्संग है, पथ है,
उसे क्या चीर कर पढ़ना?
यहाँ के पेड़-पौधे, फूल, नर-नारी
सभी हर रोज मिलते हैं।

अरे, ये पेड़-पौधे, फूल, नर, नारी,
किसी प्रच्छन्न लौ के आवरण हैं।
जानते हो, बीज है वह कौन

ये जिसकी त्वचाएँ हैं?
ज्ञात है वह अर्थ जो इन अक्षरों के पार भूला है?

दूर पर बैठे ग्रहों की नाप, यह भी शक्ति ही है।
किन्तु, नापोगे नहीं गहराइयाँ
जो छिपी हैं पेड़-पौधे में, मनुज में, फूलों में?

ला सको तो ज्योतिषी! लाओ मुकुर कोई
(नहीं वह यंत्र केवल क्षेत्रफल, आकार या घन नापनेवाला)
किन्तु, वह लोचन सुरभि से, रंग से नीचे उतर कर
पुष्प के अव्यक्त उर में झाँकनेवाला।

वेनिस

मैं न भूलूँगा कभी रमणीय उस अद्भुत नगर को
पश्चिमी जग में सलित पर जो अवस्थित है।
यह नगर संकेत है मानव-मिलन का।
संघटन है वह अमित एकान्तताओं का।

एकान्तताएँ द्वीप हैं।
प्रत्येक औरों से अलग;
प्रत्येक सबसे भिन्न;
चारों ओर से प्रत्येक संवेष्टित सलिल की धार से।

द्वीप से ले द्वीप तक, पर, प्रेम का बन्धन जुड़ा है।
जब मिलाते हो कभी तुम हाथ मुझसे,
वारि पर तुम सेतु का निर्माण करते हो।

और जब हँसते हमारी ओर को तुम,
एक वातायन तुरत उन्मुक्त हो जाता
उस सदन में जो खड़ा है पासवाले द्वीप में।

और ज्यों-ज्यों रात बढ़ती, भींगती है,
यह झरोखा बन्द हो जाता।
अँधेरे में
सेतु पर कोई नहीं फिर दृष्टिगत होता।

नामांकन

सिन्धु-तट की बालुका पर जब लिखा मैंने तुम्हारा नाम,
याद है, तुम हँस पड़ी थीं, 'क्या तमाशा है!
लिख रहे हो इस तरह तन्मय
कि जैसे लिख रहे होओ शिला पर!
मानती हूँ, यह मधुर अंकन अमरता पा सकेगा।
वायु की क्या बात? इसको सिन्धु भी न मिटा सकेगा।'

और तब से नाम मैंने है लिखा ऐसे
कि, सचमुच, सिन्धु की लहरें न उसको पाएँगी।
फूल में सौरभ, तुम्हारा नाम मेरे गीत में है।
विश्व में यह गीत फैलेगा।
अजन्मा पीढ़ियाँ सुख से
तुम्हारे नाम को दुहराएँगी।

मनुष्य की कृतियाँ

आदमी की उँगलियों में कल्पना जब दौड़ती है,
पत्थरों में जान पड़ जाती।
मूर्तियाँ सप्राण होकर जगमगाती हैं।

स्पर्श में संजीवनी है।
आदमी का स्पर्श उँगली से उतर कर
पत्थरों की मूर्तियों में वास करता है।
मूर्तियाँ जीवित बनी रहतीं हजारों साल तक;
बस, यही लगता, किसी ने आज ही इनको छुआ है।

और इस कारण बहुत-सी वस्तुएँ प्राचीन युग की
खुशनुमा हैं, मोहिनी हैं।

क्योंकि वे हैं आज भी
गर्मी लिये उन उँगलियों की
था जिन्होंने एक दिन उनको छुआ आवेश में।

प्रेम

प्रेम क्या है?
क्षीर का निर्झर,
कि जब यह फूटता है
हृदय नर का सन्त का आवास हो जाता।
पुण्यमय मैं हो गया हूँ।

किन्तु, तुमने क्यों मुझे उतना सराहा था,
जब बड़ाई की न कोई बात थी वैसी?
निरा औद्धत्य, केवल गर्व,
शब्दों की लिये पूँजी
वृथा मैं बोलता था,
किन्तु, मन के कोष रीते थे।

वस्तु जो उठती तुरत बाजार में,
भीड़ उसको श्रेष्ठ सबसे मानती है।
दासता की दृष्टि ही संसार में
क्रोध को सबसे प्रबल कर जानती है।

देवगुण को पूजते, लेकिन, वही
जो स्वयं ही देवता के तुल्य हैं।

पाप

कलाकार के श्रम पर हँसना पाप है।
और पाप है
गहन बुद्धि से जिसे समझना चाहिए,
उस कृति को देखना
नीच बन ग्राम्य दृष्टि से।

उससे भी है बड़ा पाप यदि तुम मित्रों को
तज दो जब उन पर महान संकट छाए हों।
बड़े पाप हैं ये, पर, ये सब धुल सकते हैं।

किन्तु, कहीं तुमने दो प्रेमासक्त उरों की
शान्ति भंग की,
परमेश्वर भी पाप नहीं यह क्षमा करेगा।

किशोर कवियों से

यौवन पकता है निमग्न अपने ही रस में।
कला सिद्ध होती जब सुषमा की समाधि में
विपुल काल तक कलाकार खोया रहता है।
वह सब होगा पूर्ण; एक दिन तुम चमकोगे
जैसे ये नक्षत्र चमकते हैं अम्बर पर।

बनो सन्त-से चारु कि जैसे यूनानी थे।
जो अदृश्य हैं देव, उन्हें पूजो सन्मन से।
और मर्त्य मनुजों से भी मत आँख चुराओ।

परिभाषा मत गढ़ो; न दो उपदेश किसी को;
गुरु से मिले न ज्ञान, भ्रान्तियाँ और सघन हों,
तब जा पूछो बात कहीं एकान्त प्रकृति से।

प्राचीन स्वप्न

स्वप्न यह प्राचीन, अति प्राचीन है;
क्योंकि चिन्ताएँ बहुत हैं इस जगत में
इसलिए, ऊपर गरुड़ के साथ अम्बर में उड़ो
और जा बैठो सितारों की सभाओं में।

यह पुरातन स्वप्न उस अत्यन्त बूढ़े के सदृश है
जो सदा निज ज्येष्ठ सुत के भाग्य पर
तरस खाता है, बहुत परिताप करता है।
लोग तो उडु की दिशा में खूब अब उड़ने लगे हैं,
किन्तु, क्या चिन्ता-व्यथा वे भूल पाते हैं?

और बहुधा, इसलिए, वे पाठ लेते हैं
घूमने का, टूटने, चक्कर लगाने का,
सीखने को चाल चक्कर में पड़े उडु-लोक की।

वायु में आलोक जैसे संचरण करता,
ठीक वैसे ही मनुज भी फेंकता है
शून्य में असहाय अपने आप को।

और तब प्राचीन उसका स्वप्न
भग्न उडु-सा टूट कर गिरता मरुस्थल में,
जिस तरह उल्का मरुस्थल में गिरा करती।

शायद

तुम, शायद, रोते-रोते थक गए
और अब चाह रहे हो कहीं शान्ति से सो जाना।
तब कहता हूँ, बतखें चीखना बन्द करें,
सारस रह-रहकर मत खाँसें,
दादुर चिल्लाना छोड़ तटों में मौन रहें,
चक्कर काटें मत जतुक,
और झींगुर न झाड़ में शोर करें।

तुम सो जाओ।
रवि की किरणें अब नहीं भेद पलकों के दल
आँखों में चुभन जगाएँगी।
भौं के केशों को हिला
हवाएँ नहीं क्लेश पहुँचाएँगी।

कोई न जगाएगा तुमको।
मैं आज्ञा देता हूँ कि
शैल-देवता यहाँ चौकसी रखें।

तब भी, शायद, तुम सुना करोगे मन्द-मन्द
आहट उन कृमियों की जो मिट्टी के भीतर
करती हैं अपना काम; और वह रव नीरव
धरती का रस पीनेवाले
पौधों की क्षीण शिराओं का।
शायद, संगीत सुनोगे तुम कोमल, नवीन
जो कहीं मधुर होगा जग के अभिशापों से।

इसलिए, पलों को मीच बन्द कर लो लोचन।
तुम सो जाओ, मुझको कोई आपत्ति नहीं।
मुट्ठी भर-भर पीली सिकता के कण तुम पर छितराऊँगा।
प्रार्थना करूँगा, 'हे कागजवाले रुपयो!
तुम, मन्द-मन्द ही, इस समाधि पर उड़ा करो।'

रचना

रचते हो प्रासाद कि रचते हो कविता की कड़ियाँ?
निर्माताओ! एक बात है मुझे पूछनी।

रचना में क्या कहीं एक वह भी कोना है
जहाँ खड़े होकर अपनी कृति को निहार कर
तुम अपनी आत्मा से यह कह सको कि जो भी
करना था, कर चुका; कला यह पूर्ण हो गई?

जहाँ खड़े होकर अपनी कृति को निहार कर
तुम समझो, जो बिम्ब यहाँ विजड़ित करना था,
सब विजड़ित हो चुका; और जो चित्र बचे हैं,
वे इस कृति में नहीं, कहीं अन्यत्र लगेंगे?

कृतियों का दुर्भाग्य? कि यह दुर्भाग्य हमारा?
हाय, स्वप्न पूरे न कभी कर में आते हैं।
अन्तिम ईंट न लगी, तृप्ति मूर्च्छित हो जाती।
अन्तिम शब्द न लगा कि भाव उतर जाता है।

कवि कहता, 'रह गए कहाँ वे स्वप्न हमारे?'
कलाकार कहता कि 'वस्तु यह कौन बन गई?'

कहीं नहीं वह ठौर जहाँ शिल्पी का मानस
शिल्प पूर्ण कर सुप्रसन्न हो, तृप्त, शान्त हो।
सपने में दौड़ते अश्व चंचल भावों के।
जगे-जगे भी असन्तोष दंशन देता है।

वह देखो, प्रासादों में जन घूम रहे हैं।
वह देखो, कविता में कितने मानस चंचल
इधर-उधर फिर रहे! एक संकेत सभी का,
बनने से रह गया कहाँ क्या कला-भवन में,
कहाँ-कहाँ कविता धूमिल, अव्यक्त रह गई।
कर्म समापन हुआ, नहीं पर पूर्ण हो सका।'

और कहेगा कौन कि मैं उससे ऊँचा हूँ
मेरी कृति जिस ठौर पहुँच कर ठहर गई है?

प्रश्नोत्तर

बेर से पूछा कि 'कोई ध्येय भी है?'
बेर फल के बोझ से ऐसे झुका था
झुक गया हो शोक का ज्यों भार लेकर
बेर बोला, 'ध्येय है, बस, वृक्ष होना।
और कोई ध्येय हो भी तो कहाँ से?'
किन्तु, देखा, एक दिन सब पत्र उसके झर गए।

विहग से पूछा कि 'कोई ध्येय भी है?'
कुंज में छोटा शकुन वह गा रहा था।
शकुन बोला, 'ध्येय है, बस, शकुन होना।
और कोई ध्येय हो भी तो कहाँ से?'
सर्प की, पर, दृष्टि में करुणा न दिखी नाम को।

मित्र से पूछा कि 'कोई ध्येय भी है?'
कक्ष में वह व्यस्त अपने काम में था।
मित्र बोला, 'ध्येय है, बस, मनुज होना।
और कोई ध्येय हो भी तो कहाँ से?'
किन्तु, देखा, रात का भोजन नहीं वह खा सका।

रूह से पूछा कि 'कोई ध्येय भी है?'
रूह जो है वृक्ष में, खग में, मनुज में।
रूह बोली, 'ध्येय है निर्माण करना।
और कोई ध्येय हो भी तो कहाँ से?
मैं तुम्हें नित रच रही हूँ, तू मुझे नित रच रहा है।'

नारी

नारीत्व शुद्ध पाटल है जीवन की मलिन
बल्लरियों के दारुण निकुंज में खिला हुआ।
नारी की इच्छाओं में बहता है पराग
जाने, अदृश्य के किस सौरभ से मिला हुआ!

नारी का जग निर्दोष, पूर्ण, चिर सुन्दर है,
कोमल, गम्भीर, करुणापूरित उसके मन का
संधान जिसे मिल गया, वृथा वह क्यों सोचे,
भूतल पर खुलता द्वार कहाँ नन्दन-वन का?

नर का पौरुष भी अगम, बिना उत्तुंग शृंग
पर चढ़े नहीं उसका रहस्य तुम पा सकते,

विज्ञान, कला, ये कहाँ-कहाँ तक जाते हैं,
यह भेद मनस्वी जन ही तुम्हें बता सकते।

पर, स्वर्ग-सुधा जितनी भी भूतल पर उतरी,
अमरों के सुख का सुलभ यहाँ जो भी कण है,
वह नारी है; केवल उसके ही पास बन्धु,
सौन्दर्य, शान्ति, कविता—तीनों का मिश्रण है।

काँगड़ी

लौट कर मैं देखता हूँ,
वह अभी तक रंच भी बदली नहीं है।

फिर वही बातें पुरानी
फिर वही पहली कहानी।
'तुम समेटे ही रहो अपनी शिखाओं को।
ना, उन्हें मत छूट दो,
मत आग को जिह्वा बढ़ाने दो।
वह मुझे यदि चाट लेगी, क्लेश पाऊँगी।
तुम अचंचल आप अपने में रहो।

अग्नि जो संचित तुम्हारे प्राण में ऊधम मचाती है,
एक टक मैं देखती उसको, मुझे वह बहुत भाती है।
मैं उसे पुचकारती हूँ, प्यार करती हूँ।

जानते हो,
आग को अपने हृदय की गाँठ में बाँधे हुए तुम
संपुटित किस पुष्प-से छविमान लगते हो?

भूमि से ऊपर सुनाई दे कहीं पर,
व्योम में छाए हुए वह गान लगते हो।

और तब लेलिह तुम्हारी कामना
अधर से बाहर निकल छूती अधर को,
घूमती सर्वत्र आनन पर।
सिहरता चर्म,
चिनगारी कपोलों पर चटक उठती।
त्वचा में फूटने लगतीं हजारों वह्नि-कणिकाएँ,
कि जैसे आग की कलियाँ चटक कर फूल होती हों!

तुम्हारे प्राण में है वह्नि भी, सौन्दर्य भी है।
मगर, इतना करो,
लेलिह-सरीसृप-वासना की गाँठ मत खोलो।
उसे अपने हृदय की हेम-निर्मित पेटिका में
बन्द रहने दो।

ज्वलित अंगार-निभ सारी प्रखरता को समेटे
मुदित अपनी जलन में आप तुम बैठे रहो।

यह दीप्ति ही सौन्दर्य अनुपम है।
छिटकने दो न चिनगारी,
न अपने रेंगनेवाले अनल को मुक्त होने दो।

तुम्हारी आग जब भी रेंगती बाहर निकलती है,
मुझे लगता, अवा की आँच में मैं दग्ध होती हूँ।

अवा में मृत्ति जैसे सूखती, फिर दरक जाती है,
उबल कर, सीझ कर वैसे दरक जाता बदन मेरा।
रुधिर में खौलती हूँ, ऐंठती हूँ, कष्ट पाती हूँ।
स्फटिक-सी देह के ऊपर धुओं के दाग पड़ जाते,
रहस्यातुर हृदय की चेतना दो टूक हो जाती।
उमड़ती प्राण में, जाने, व्यथा कैसी
कि यह महसूस होता है,
कलंकित वेदिका पर मैं खड़ी अभिशप्त देवी हूँ।'

यही है गीत वह जो खत्म होकर फिर शुरू होता।
यही है खेल जिसमें काँगड़ी मुझको बना करके
सदा वह तापती है, प्राण-तन को गर्म करती है।
छिड़कती बीच में मुझ पर कभी लोने वचन,
कुछ प्रेम,
कुछ निर्जीव चुम्बन भी।
विकल मेरी जवानी से
अगरु का धूप जो उठता
उसे वह पान करती है बड़े सन्तोष से, सुख से।

हमेशा देखता हूँ, वह लपट की वर्जना करती,
अनल को तापने में, पर, सदा आनन्द पाती है।
अनल को तापती है और फिर कहती है, 'इसे रोको,
तुम्हारी आग मेरी ओर फिर जिह्वा बढ़ाती है।'
बड़ी मुश्किल, न तो संतृप्ति से मैं ही चमक पाता,
न वह मेरी शिखाओं की परिधि से दूर रहती है।
मगर, मैं क्यों उसे रोकूँ?
पुरुष का गर्व ही तो है
उसे कोई प्रिया यदि काँगड़ी अपनी बनाती है।

लड़की

हाथों में द्रुम समा गया है।
चढ़ते-चढ़ते बाँहों में भर गया
अंकुरित पौधे का जीवन-रस, जाने, किस प्रकार!
और अब तो वृक्ष ही लहरा रहा है वक्ष में
उलटा;
उमड़ती, फूटती हैं डालियाँ मुझसे
कि जैसे वृक्ष मैं होऊँ
और मेरी बाँह ये सब डालियाँ हों!

तुम वृक्ष हो।
शैवाल हो।
तुम कमल हो वायु जिस पर संचरण करती।

तुम बहुत ही प्रांशु हो।
कितना कहूँ? तुम पुष्प हो, शिशु हो।
और ये बातें जगत की दृष्टि में कुछ भी नहीं हैं।

सात कवच

आज की तो रात अन्तिम रात है, जाने न दूँगा।
मोहिनी! आओ
कि यात्रा पर निकलने से प्रथम
मंगल-कवच दूँ बाँध, रक्षा के लिए
शृंगार कर दूँ।

चाहता हूँ, आज भी जातीं नहीं तुम।
फूल का मौसम लिये
रुकतीं अभी इस सद्म में कुछ और।
मैं कुछ भी न कहता,
एक टक इस पूर्ण ऋतु को देखता रहता।
किन्तु, जाना ही अटल हो तो विवशता है।
मगर, तब मोहिनी! ऐसा करो,

पर्यंक पर तुम लेट जाओ
और जी भर प्यार करने दो
कि अन्तिम रात यह साखी रहे उन्मादमय सुख का।

आज अधरों से न अधरों को चुराओ,
और अपना अंग मत ऐसे छिपाओ,
वासना का दाह-दंशन भूल जाओ।
आज मैं चुम्बित नहीं, मुद्रित करूँगा।

प्रेम मेरा जो लिये हो जा रही
वह भाग मत जाए;
इसलिए, प्रति द्वार पर पहरा बिठाऊँगा।
प्रेम के बाहर निकलने की जहाँ जो भी नली है,
द्वार उसका बन्द कर दूँगा।
और चुम्बन की मधुर मुहरें लगा कर
घूमने को मैं तुम्हें स्वच्छन्द कर दूँगा।

और अब सबसे प्रथम मुख चूमता हूँ।
आह! ये दो अधर ज्यों शुचि पद्म के दल!
आह! यह पाताल से फूटी हुई
मधु-निर्झरी मादक, समुज्ज्वल!
अधर पर अंगूर ढरते जा रहे हैं,
कूप से चुम्बन उभरते आ रहे हैं।
प्राण थर-थर काँपते हैं,
हे प्रभो! मुझको सहारा दो!

अमृत के इस उत्स पर औंधा पड़ा जीता रहूँ।
माधुरी! इस निर्झरी पर मूक रस पीता रहूँ।
व्योम जैसे पी रहा झुक कर उदधि को।

चुम्बनों से मूँद देता हूँ दृगों को।
नासिका की नोक पर रस-बिन्दु धरता हूँ।
गूँथता हूँ ग्रीव पर मादक लड़ी मैं चुम्बनों की,
मोतियों को इस चतुरता से पिरोता हूँ
कि दो के बीच रत्ती भर नहीं अवकाश रह जाए।

और अब
मध्य में दोनों सघन, उन्नत उरोजों के
एक चुम्बन आँकता हूँ प्रज्वलित अंगार-सा,
याकि उस पाटल-सदृश जो आग-सा ही लाल हो।
तप्त चुम्बन यह तुम्हारे वक्ष पर जलता रहे
झूमता, सुनता कल स्वन उस स्रवन्ती का
जो तुम्हारे गीतमय उर में प्रवाहित है।

सब हुआ, पर, देह तो अब भी अरक्षित है।
इसलिए, प्रत्यंग पर खिलती विभा को
चूम कर सर्वत्र आयस वर्म बुनता हूँ।
यह रहा कंचुक, रहा यह सारसन कटि का,
ये फलक दो उरुओं के और यह जाली
कवच हैं दोनों पदों के। जोड़ थे जितने
कस दिये हैं ग्रन्थि रचकर गाढ़ चुम्बन से।

चुम्बनों का यह कवच पहने मनोहर
मोहिनी! तुम म्यान में तलवार-सी लगती भली हो।
म्यान है मेरी रहस्याकुल प्रणय की भावना,
चुम्बनों के वर्म में मैं ही तुम्हारे साथ हूँ।
तुम मुझे पहने हुए हो, अब भला क्या भीति है?

मानिनी

मुसकान, पुष्प, चुम्बन, सुगन्ध से भरो प्रमन
सुरभित, प्रसन्न, मादक निशीथ का मन्द पवन।
मन की तरंग पर दीप धरो,
रस का प्रकाश फैलाओ री!
आओ, बरसाओ अलस दृष्टि से
अंग-अंग पर अमृत, चमेली-जुही
कुसुम-रज, केसर, चन्द्रविभा, चन्दन।

मैं विरह-विकल,
मैं श्रान्त, क्लान्त,
मैं मूर्च्छित हरियाली, मुझको दो वारिधार।
मैं बजने को हूँ विकल, दसों अँगुलियों से
मोहिनी! झनत्कृत करो, झनत्कृत करो तार।

ग्रीवा पर केसर-जाल, चूर्ण स्वर्णिम कुन्तल,
सम्मुख शोभित यह कनक-रश्मि-सँवलित कमल।
अब भी मैं तरु, तुम लता,
जलधि मैं उद्वेलित,
तुम मदिर-मुग्ध राका झिलमिल।
मैं क्या जानूँ, कैसे प्रकाश बुझ जाता है?
मैं क्या जानूँ, कैसे हो जाता ज्वार शिथिल?

पर, ऊब उठे हैं प्राण विरह सहते-सहते,
तुमसे वियुक्त इस निर्जन में रहते-रहते।

यह जनाकीर्ण जगती प्रिय! निर्जन ही तो है;
तुम नहीं अगर तो गृह विषण्ण वन ही तो है।

प्रिय, ऊब उठे हैं प्राण कि दिवस बहुत बीते।
मानिनि! क्या तुम्हें स्मरण है वह
मधु-गन्ध-पूर्ण रस-भरित चन्द्र-क्रीड़ित रजनी,
जब तुम गोदी में गिर कर थी सो गई
काम-लतिका-सी अर्ध-अचेत, स्रस्त,
सुख-श्रान्ति-पूर्ण अधखुले नयन से मुझे देखती
लज्जित, व्रीड़ामयी, प्रेम-पीड़ित सजनी?

मोहिनी! वासना नहीं, दीप्ति होगी वह कोई और
तुम्हारे अंग-अंग में जो दीपित
कंचन के सदृश दमकती है;
वह पाप नहीं है, किरण

तुम्हारी पलकों के नीचे, जाने
जो ले क्या ज्योति चमकती है।

वासना? अरी, उसकी आभा कब अमर हुई?
पर, तुम रहस्य-मधुरे!
अक्षय आत्मिक प्रकाश से जलती हो।
चारों दिशि आभा की तरंग!
जग तुम्हें देखता हूँ, मेरे
मानस में भर जाता प्रकाश,
मैं देख रहा प्रत्यक्ष देवि! तुम दीपशिखा-सी जलती हो।

अथवा समग्र वपु ही लौ है।
ये नयन, नासिका, श्रुति, कपोल,
ये अधर और यह ग्रीव,
समुन्नत, गोल-गोल, उज्ज्वल उरोज,
ये निरावरण बाँहें,
यह त्रिवली और नाभि,
ये जघन श्वेत,
ये तड़ित्तूल-सज्जित पगतल,
सब हैं प्रकाश के बिन्दु, वृत्त या रेखाएँ।
ज्योतिर्मयि! तुम वासना नहीं,
स्वर्गीय विभाओं की प्रतिमा हो कल्याणी।

उपवन का यह एकान्त प्रान्त!
यह गौर निशा! यह मधु-वर्षण नक्षत्रों का!
ऐसे में ईर्ष्या-धूम भला उपजाना क्या?

शपथें खाना, औरों से शपथ खिलाना क्या?
मत पूछो मेरी प्रेयसियों के नाम सखी!
पूछा है मैंने नाम
कुसुम के किसी मित्र मधुपायी का?

तुम सजल सौदामिनी हो,
भींगने को मैं खड़ा हूँ पथ में।
मन्द, पीले तारकों से खेलने में क्या बुरा है?
व्योम का विस्तार क्या इस खेल से घट जाएगा?
ये नखत के खेल मेरी मुक्ति या बन्धन नहीं हैं।

मुक्ति मेरी यह कि तुम चूमो,
हृदय की ग्रन्थियाँ खुल जाएँ,
तन के रोम-कूपों से उठें चिनगारियाँ संगीत की,
मैं गीत बन जाऊँ।

बंध मेरा यह
कि तुम जब भी कभी गुजरो इधर से,
एक क्षण रुककर
मुझे अपने क्षितिज से घेरती जाओ।

व्यर्थ क्यों पूछूँ
कि तुम किस लोक का शृंगार-सुख लेकर चली हो?
कल जहाँ तुम थीं,
वहाँ पर उत्तरी या दक्षिणी ध्रुव है?

और क्यों पूछूँ कि कल किस लोक का
इन्द्रधनु पद-पद्म का आसन बनेगा?

आज के दिन तुम जहाँ पर हो, वही वैकुंठ है।
आज तुम जिस रूप में हो, स्वप्न की भूषा वही है।

बाँह में आओ हृदय की स्वामिनी!
व्योम से नीचे झुको सौदामिनी!
अंक में वक्षोज को जी भर भरूँगा,
और मधु-मुख-पद्म का चुम्बन करूँगा।

हाथी रति में बहुत धैर्य धरते हैं

महाकाय ये जन्तु जगत के पुराचीन, सम्भ्रान्त
हाथ रति में बहुत धैर्य धरते हैं।
मिल जाती हस्तिनी कभी तब भी सुख पीकर शान्त
बहुत दिनों तक इन्तजार करते हैं।

गहन विपिन, सुनसान कुंज में या सरिता के तीर
संग-संग चरते फिरते हैं भोले,
सोते हैं, तब भी न नींद में सटता कभी शरीर,
और साथ ही जगते, पर अनबोले।

ये कृमि नहीं, वरेण्य जीव हैं सागर, शैल समान,
ऐसों का मन सहज नहीं पगता है।

संकोची, लज्जालु हृदय का यह गुण अमित महान,
मदन-भाव धीरे-धीरे जगता है।

मन्द-मन्द शोणित तपता चिर, तब पाकर संयोग
हृदय एक दिन जग पड़ता अकुला कर।
काम-कुशल कुंजर निर्जन में करते हैं संभोग
पशु-पक्षी, सबसे निज वह्नि छिपा कर।

गज सबके अग्रज हैं, अनुभव में भी परम वरिष्ठ,
इसीलिए, शीघ्रता नहीं करते हैं।
तन के हित विधि ने सिरजा जो सुख सबसे स्वादिष्ट,
पहले वे उससे मन को भरते हैं।
नहीं नोचते, नहीं फाड़ते, करते कलह कभी न,
डूबे रहते रस-समाधि मादन में;
हो जाते स्वयमेव अचेतन एक अपर में लीन
बहते-बहते मनसिज के प्लावन में।

वसन्त का स्वागत

परियों के मंजीर लगे फिर बोलने,
किरण लगी जल में फिर केसर घोलने।

मधुऋतु आई, स्यात्, गन्ध छाने लगी।
फूलों का सन्देश वायु लाने लगी।

पत्ती-पत्ती लगी मस्त हो झूमने।
जाओ मेरे गीत! जगत में घूमने।

हरियाली हो जहाँ वहाँ वन्दन करो,
मधुऋतु की सुषमा का अभिनन्दन करो।

सभी समागत फूलों को सत्कार दो।
मिले कहीं पाटल तो उसको प्यार दो।

रूप और प्रेम

गुलाबों से लदा यह चैत का मधुमास आली!
तुम्हारे गाल पर बेसुध फिसल कर गिर गया है।
अरी कुसुमानने! ओ चन्द्रिका-निभ हासवाली!
हृदय में किन्तु, अब तक भी नहीं जागी दया है।

जगेगी वेदना, करुणा नहीं अज्ञात होगी,
प्रणय का देवता मन में करेगा वास जिस दिन।
गुलाबी रूप की महिमा तुम्हें भी ज्ञात होगी,
हृदय की वाटिका में छाएगा मधुमास जिस दिन।

बर्बर कवि

हाँ, अन्य देश का ही वासी मैं परदेशी,
अजनबी तुम्हारे बीच स्वयं भी निज को गुनता हूँ।
मुझको पसन्द ये वीणा और सरोद नहीं,
मैं गीत गुफाओं का अथवा निर्जन का सुनता हूँ।

मेरी कविता सुन कभी नहीं पाएँगे ये
काली अचकन या कफन-सरीखे श्वेत वस्त्रवाले।
सुनते हैं उसको महानाग पर्वत पर के
अथवा प्रचंड निर्झर या प्रावृट घर काले-काले।

मैं प्यार किया करता हूँ बर्बर के समान,
निर्झर पर पड़ता टूट प्यास का वेग जभी जगता।

मैं नहीं शिथिल प्रेमी सज्जन, सुकुमार, सभ्य
जो पहुँच प्रिया के पास सोचने, जाने, क्या लगता!

मरना भी इष्ट नहीं मुझको शय्या चढ़कर
जब पास पुरोहित हों, परिजन औ' पुरजन घेरे हों।
चाहता, मुझे ले लील कभी गिरि की दरार,
वन-लता और द्रुम सघन आवरण अन्तिम मेरे हों।

उपदेशों पर मैंने न कभी भी कान दिया,
धर्मज्ञ थका कह, 'करो पुत्र! सत्कर्म, स्वर्ग जाओ।'
पर, नरक गया तो भी क्या भय? जब पहुँचूँगा,
मित्रों का झुंड पुकारेगा, 'भाई! आओ, आओ।'

तूफान

मेरे भीतर का ईश्वर,
विकराल क्रोध है ऊसर, अनजोती जमीन
पर तांडव का त्योहार रचानेवाला!

मेरे भीतर का ईश्वर,
है मेरे मन के स्वर्ग-लोक की नींव हिला
मेरे भीतर भूकम्प मचानेवाला।

मेरे भीतर का ईश्वर,
है अग्नि चंड मैं उसके भीतर जलता हूँ।

मेरे भीतर का ईश्वर,
है घन घमंड, अम्बर का उद्वेलित समुद्र,
मेघों को, जाने, हाँक कहाँ से लाता है।

मेरे भीतर का ईश्वर,
है नामहीन, एकाकी, अभिशापित विहंग
जो हृदय-व्योम में चिल्लाता, मँडराता है।

मेरे भीतर का ईश्वर,
है जोर-जोर से पटक रहा मेरे मस्तक को पत्थर पर।

मेरे भीतर का ईश्वर,
यह महाघोर चतुरंग प्रभंजन वेगवान
मेरे मन के निर्जन, अकूल, आश्रयविहीन
उत्तप्त प्रान्त में ज्वालाएँ भड़काता है।
भीतर उर के मुद्रित कपाट,
बाहर-बाहर वह प्रलय-केतु फहराता है।

मेरे भीतर का ईश्वर
है जोर-जोर से पटक रहा मेरे मस्तक को पत्थर पर।

आएगा वह दिन

आएगा वह दिन, बहुत ही शीघ्र आएगा,
जब मही बिलकुल बदल कर
स्वच्छ, शीतल, सौम्य, शोभायुक्त, नई हो जाएगी,
जिस तरह कोई नहा कर स्वच्छ हो जाए।

व्योम यह उजली किसी कोमल विभा से पूर्ण होगा।
और यह नैराश्य का तम भाग जाएगा।

आदमी को पंख निकलेंगे।
जहाँ तक स्वप्न उड़ता है
वहाँ तक आदमी निर्बन्ध होकर उड़ सकेगा।

बसन्ती वायु के मादक झकोरों में
उड़ेंगे रक्तलोचन श्वेत पारावत खुशी से।

सुनेगी शान्ति का कूजन मही सर्वत्र सुख से।
गगन पर जो घिरेंगे मेघ वे पीयूष देंगे।
दिवस में सूर्य से संजीवनी, निशि में सुधाकर से
सुधा की बूँद टपकेगी।

अरे, तुम हँस रहे मुझ पर?
हँस रहे थे ज्यों अभी विक्षिप्त उस जन पर
कहा जिसने कि 'सूरज रोज पश्चिम में उगा करता,
और इस 'येलो' नदी का वारि अतिशय स्वच्छ है।'
तुम, कहो तो, सिद्ध मैं कर दूँ अभी जो कुछ कहा है।
मेघ में जब सेर्य अन्तर्धान हो जाता,
भूमि पर छाया न कोई शेष रहती है।
पर, रखो यह याद,
'पाँखों के तले विकराल काली यामिनी की
विश्व का भवितव्य उज्ज्वल सूर्य पलता है।'

विदा

पंक्ति बाँध वे चले, तुरत तोपें ज्यों गरजीं।
पंक्ति बाँध वे चले, दुन्दुभी के निनाद से
जैसे ही सुगबुगा उठा रजकण जन-पथ का।
पंक्ति बाँध वे चले श्रवण करते अभिनन्दन
पथ के दोनों ओर खड़ी आकुल जनता का।

मुक्त हो रहा मानवीय इच्छाओं का पथ,
चलो, चलें सब लोग साथ इस नूतन पथ पर।
चलो, चलें उस पर जो पथ है विहित आज का,
चलो, चलें उस पर जो सृति आगामी कल की।

चलो, चलें उस पर जो पथ ज्ञापित करता है
कृतज्ञता उनके प्रति जो आगे जनमेंगे।

चलो, चलें उस पर जो पथ लाता है उनको
जिन्हें भूत से निकल भविष्यत् तक जाना है।

चलो, चलें ऊँची उमंग की ध्वजा उड़ाए,
एक प्राण, एकात्म, एकपद एकपदी पर
अहंकार को त्याग, छोड़कर निजी स्वार्थ को
जनता के तोरण से होकर शीश झुकाए।

चलो, चलें, गौरव हो केवल ध्येय हमारा।
चलो, चलें, केवल गौरव का ध्यान धरें हम।
चलो, चलें, केवल गौरव के अन्वेषण में।
चलो, चलें, केवल उसके हित जिएँ-मरें हम।

सूर्य की पुकार

खोलो गृह के द्वार, मुँदे वातायन खोलो,
मैं जीवन का सूर्य तुम्हारे घर आता हूँ।
धूप रोकनेवाले सब आवरण हटा दो।

लिये आ रहा फूलों का स्वर्णिम विकास मैं,
लिये आ रहा हूँ सुगन्ध उन्मुक्त विपिन की;
लिये आ रहा स्वर्णातप अपनी मयूख का,
लिये आ रहा हूँ शीतलता मैं हिमकण की।

उठो, उठो, उपधानों पर से शीश उठाओ,
पलक खोल कर देखो, कैसी लाल विभा है।
मैं जीवन का सूर्य तुम्हारे द्वार खड़ा हूँ,
धूप रोकनेवाले सब आवरण हटा दो।

दारु-सद्म-से निज उर के वातायन खोलो,
वातायन जो बहुत दिनों से बन्द पड़े हैं।
और मुझे छितराने दो अपने मन्दिर में
आभा, आतप, ओस, पुष्प औ' गन्ध विपिन की।

सौन्दर्य की प्रतीक्षा

सामने की सृति संकीर्ण है।
पाँव हैं वहाँ जहाँ जमीन आग हो रही।
पत्थरों के घेरों पर घेरे हैं।
क्षितिज के पास उल्लुओं-सी लद्धड़ उड़ान।
और राजधानी के बाहर जो जिले हैं
उनमें धुआँ है, मन्द-मन्द असन्तोष है
रुक जाओ।

और फिर शुरू करो।

आँखों के आर-पार सूइयाँ।
काजू के समान अंग-अंग फटा जाता है।
रहने की ठौर कोई मिलनी ही चाहिए।

रहने की ठौर होती कुत्तों के पास भी।
रुक जाओ।

और फिर शुरू करो।

दुर्दिन की बदली में तम्बू।
बन्दूकें थामी जाने से घबराती हैं।
ठीक कौन है?
क्या ईसा ठीक थे?
सबको प्यार करना क्या, सचमुच, गुनाह है?
रुक जाओ।

और फिर शुरू करो।

हत्या का संक्रामक रोग है प्रसार पर।
छोटे-से कोड़े ने कैसा प्रतिशोध लिया?
कैसर, यह जिन्दगी मेरी है।
और मेरा खयाल है, जीवित रहना अच्छा काम है।
रुक जाओ।

और फिर शुरू करो।

नये आकार, शायद, प्रकट होनेवाले हैं।
उड़ने की इच्छा हो अबंध उड़ पाएगी?
गाने की कामना को गीत भी मिलेंगे क्या?

कलुष के ढाँचे खंड-खंड होंगे?
मानव के जीवन में स्वच्छन्दता भरेगी क्या?
शक्ति हो रहेगी तब केवल कल्याणमयी?
मानव का तेज पा सकेगा निज सूर्य को?
और नर-बुद्धि अन्य अरियों से मुख मोड़
केवल लड़ेगी मृत्युराज यमराज से?
सही क्या है?
क्या युद्ध को सही कहें?
रुक जाओ।

और फिर शुरू करो।

सँकरी, छोटी-सी, पतली सृति।
चरण वहाँ पर जहाँ भूमि सुविकच, सुरम्य है।
विमल वह्नि के घेरों पर घेरे अनन्त हैं
मुक्ति? अरे उसका पाना तो बहुत सुकर है।

घृणा करो मत किसी मनुज से,
केवल इस कारण कि रंग उसका काला है,
केवल इस कारण कि रंग उसका सफेद है,
केवल इस कारण कि रंग उसका पीला है,
केवल इस कारण कि जाति उसकी इंग्लिश है,
केवल इस कारण कि जाति उसकी जर्मन है,
केवल इस कारण कि [illegible] है,
केवल इस कारण कि अभागा वह गरीब है।

क्योंकि भिन्न कुछ नहीं, हमीं प्रत्येक मनुज हैं।
रुक जाओ।

और फिर शुरू करो।

मुक्ति सुकर है।
मुक्ति मनुज की अल्पसाध्य है।
किसी दूसरे की कीमत पर जिये न कोई।
क्योंकि वस्तु जो सबकी है
एकाधिकार उस पर न किसी का चल सकता।
क्योंकि काम चलता जिससे सारे जग का
उस तरु को अपने हेतु काटना पाप है।
क्योंकि कौन रक्षित है जब सारी मनुष्यता छली गई?
सभी घृणित हो रहे अगर तो घृणा कौन कर सकता है?
रुक जाओ।

और फिर शुरू करो।

मुझे ज्ञात है, नये स्वप्न आकार ग्रहण करनेवाले हैं।
उड्डयन-कामना जी भर कर उड़ पाएगी।
गायन की इच्छा खुले कंठ से गाएगी।
इसलिए कि है एक ही शक्ति नर में
जो सबका हितचिन्तन,
कल्याण-कामना करती है।
बाकी जो कुछ है, मात्र धूम है, छाया है।
इसलिए कि अघ का मार्ग विजय का मार्ग नहीं।

इसलिए कि काले औ' गोरे,
अंग्रेज और जर्मन,
ये असली चीज नहीं।
काली-गोरी, ये चीजों की बाहरी महज तसवीरें हैं।
चाहे जो भी दो नाम,
किन्तु, ये फूल और ये वृक्ष
नहीं नामों के भीतर बसते हैं।
सत्ता उनकी है अलग और सत्ता में जीवन होता है।
नामों से होकर भिन्न इसी सत्ता का जीवन बोलेगा।
रुक जाओ।

और फिर शुरू करो।

मैं सत्य में विश्वास करता हूँ।
मुझे विश्वास है, मुझमें रुचिर जो भाव हैं,
वे एक दिन सबमें उदित होंगे।
मुझे विश्वास है, ऊपर जहाँ तक मैं उठा हूँ,
वहाँ तक एक दिन प्रत्येक नर उठ कर रहेगा।
मुझे विश्वास है, भू पर
बचेगा अन्त में जाकर, सुहावन, श्रेष्ठ, सुन्दर ही।
मुझे विश्वास है, प्रति वस्तु की सम्पूर्णता की
कहीं पर रूपरेखा बन चुकी है, चित्र निर्मित हो चुका है।
मगर, इस चित्र में हम अँट नहीं पाते।
अरे, यह आज की है बात, कल सब ठीक होगा।

प्रगति के इस महापथ पर
मनुज आह्वान करता है मनुज का।
अभी यद्यपि अँधेरा ही अँधेरा है।
बहुत दिन बाद अब से, स्यात्, वह अमितांशु आएगा
करेगा जो विभासित विश्व-मुख सारी मनुजता का।
मगर, मैं तो अभी से
आँख में उसकी किरण महसूस करता हूँ।

जाओ मेरे गान!

जाओ मेरे गान, निकट उनके जो जग में
एकाकी, निःसंग, दुखी हैं, निस्सहाय हैं।
जाओ उनके पास स्नायुओं के तनाव में
जो मानव जी रहे और जो पिसे जा रहे
मूक रुदन के साथ रूढ़ियों की चक्की में।

जाओ, दो सान्त्वना और यह कहो कि उनके
अत्याचारी से मैं घोर घृणा करता हूँ।
जाओ मेरे गान, शुभ्र, शीतल धारा-से,
जाओ, दो सान्त्वना और यह कहो कि उनके
दमनकारियों से मैं घोर घृणा करता हूँ।

उस पर-पीड़क के विरुद्ध आवाज उठाओ
जिसे नहीं यह ज्ञान कि वह अत्याचारी है।
उनके अत्याचारों की धज्जियाँ उड़ाओ
जो कुंठा से ग्रस्त और कल्पनाहीन हैं।
खुल कर करो विरोध, बेड़ियाँ मिलें जहाँ भी।

जाओ उसके पास बुर्जुआ जो पीड़ित है
भोगवाद से, सुख की इति, सन्तोष, तृप्ति से।
जाओ उनके पा़स औरतें जो बसती हैं
जन की आँखों से हट नगरों के उपान्त में।
जाओ उनके पास विवाहित जीवन जिनका
भीषण है, दुस्सह, कराल, अतिशय अशान्त है।

जाओ उनके पास, ग्लानि के भय से जिनको
असफलताओं का गोपन करना पड़ता है।

जाओ उनके पास, सेज का साथी जिनका
अनचाहा, दुर्भाग्यपूर्ण, मन के विरुद्ध है।
जाओ उनके पास, पत्नियाँ जो क्रीता हैं।
जाओ उनके पास, नारियाँ जो बन-ठन कर
रोज शाम को कहीं किराये पर जाती हैं।

जाओ उनके पास, वासना जिनकी कोमल
घुल-घुल कर मर रही; शिथिल कामेच्छा जिनकी
कुंठित हो कुंठा को और सघन करती है।

जाओ विद्युत के समान निस्पन्द जगत में
जो कुछ है उत्तम उसका उन्नयन करो हे!
जाओ जन-मन में अदम्य उत्साह जगाओ,
आत्मा में सबकी सुरम्य उत्साह भरो हे!

जाओ बन कर मित्र, प्रेम से देखो सबको,
खुले कंठ से कहो, तुम्हें जो कुछ कहना हो।
पता लगाओ नये पुण्य का, नये पाप का,
खुल कर करो विरोध, बेड़ियाँ मिलें जहाँ भी।

जाओ उनके पास, वयस बढ़ने से जिनकी
दृष्टि स्थूल हो रही, ताजगी मुरझ रही है।
जाओ उनके पास श्रान्त जिनके जीवन में
नित्य हर्ष के वातायन मुँदते जाते हैं।

उस किशोर से मिलो जिसे परिवार भयानक
कुचल रहा है घेर चतुर्दिक; क्या विपत्ति है!

तीन-तीन पीढ़ियाँ एक ही छत के नीचे!
यानी बूढ़ा वृक्ष और कुछ अंकुर भी हैं।
कुछ शाखाएँ सड़ कर नीचे टूट रही हैं।
और टहनियाँ कुछ बढ़ने को अकुलाती हैं।

जाओ, करो विरोध मुक्ति-त्रासक जनमत का,
उस बन्धन का जिसे पारिवारिक कहते हैं,

वह, बन्धन, एक ही गेह में बाँध सभी को
जो नवजात किशोर तेज का वध करता है।

जाओ मेरे गान! जहाँ भी मृत्यु खड़ी हो,
वहाँ खड़े होओ जीवन की ध्वजा रोप कर।

त्राता

न्याय के हे देवता!
कब सिखाओगे मनुष्यों को
कि अपनी आप वे रक्षा करें?
त्राण, वैसे तो, उन्हें हैं मिले लाखों बार,
पर, हर बार त्राता ने उन्हें फिर बेच डाला है।

न्याय के हे देवता!
रोक रखो रक्षकों को स्वर्ग में।
देव! त्राता मानवों का और मत भेजो।

जब कभी त्राता मनुष्यों का कहीं पर त्राण करता है,
बेच ही है डालता अपने पिता के हाथ वह उनको।

लोग रोते,
'त्राण तो हम पा गए, पर, हाय, भूखों मर रहे हैं।'
और वह कहता,
'बहुत-सी पक रही हैं कल्पना की पूड़ियाँ
मेरे पिता के गेह में, धीरज धरो,
फिर पेट भर खाना।'

लोग कहते,
'एक टुकड़ा दे नहीं सकते हमें सामान्य रोटी का?'
हुक्म वह देता!
'नहीं, वैकुंठ चलकर ही तुम्हें भोजन मिलेगा।
और वह सामान्य क्यों?
अद्भुत, अमूल्य, अपूर्व होगा।'

याकि कहता गर्व से नेपोलियन,
'दुष्ट प्रभुओं से तुम्हें हमने छुड़ाया है।
तुम हमारी, इसलिए, सम्पत्ति हो।
हम जब कहें, जैसे कहें, लड़ना पड़ेगा,
हम जिस जगह चाहें, तुम्हें मरना पड़ेगा।'

या कहीं जनतंत्रवादी लोग यह कहते,
'तुम हमारे ही बचाए बच सके हो।
इसलिए, तुम कोष हो, पूँजी बचत हो।
हम तुम्हें लेकर बड़ा वाणिज्य साधेंगे।'

याकि फिर लेनिन कहीं पर घोषणा करता,
बच गए तुम, किन्तु, मत भूलो
कि तुम खुदरा नहीं हो, थोक हो।
त्राण खुदरे का नहीं, कल्याण है यह थोक का।
याद रखो, आज से तुम रह न पाओगे।
आदमी यानी अधम वह बुर्जुआ।

सोवियत सरकार की चीजों, मदों की सूचियों में
माल हो, असबाब हो, तुम जिन्स हो, मद हो।
रसद तो हर जिन्स को, हर चीज को मिलता,
सत्य केवल राज्य है लेकिन,
सत्य केवल सोवियत सरकार है,
सत्य है वह शक्ति
जिसने जुल्म से तुमको बचाया है।
और जिन्सों की कहो तो मोल क्या उनका?
वे महज मद, जिन्स या असबाब हैं।
और यह क्रम बस इसी ढब से चला करता,
त्राण देना, और फिर रक्षित जनों को
बेच देना, क्योंकि वे असबाब हैं, मद हैं।

न्याय के हे देवता!
कब सिखाओगे मनुष्यों को
कि अपनी आप वे रक्षा करें?

तारुण्य! मुझे दो पंख

निष्प्राण, चेतनाहीन, मरणसेवित, विषण्ण
ये मनुज नहीं, मानवता के कंकाल दिखाई पड़ते हैं।
तारुण्य! मुझे दो पंख,
आज उड्डीयमान
विचरूँगा मैं मृतकों के इस अभिशप्त महीतल से उठ कर
ऊपर अनन्त में, जहाँ कल्पना बसती है,
ऊपर अनन्त में, जहाँ स्वप्न विचरण करते,
ऊपर अनन्त में, जहाँ ज्योति
तम को विदीर्ण कर रंध्र-रंध्र में हँसती है।

विचरूँगा मैं मृतकों के इस अभिशप्त महीतल से उठ कर
ऊपर अनन्त में, जहाँ दीप्त पौरुष के खिलते चमत्कार,

कल्पना सत्य हो जाती है।
सपने खिल कर हो जाते हैं साकार कुसुम,
संकल्पों को आशा सुवर्ण-भूषित परिधान पिन्हाती है।

छोड़ो उसको हो गई शिथिल जिसकी उमंग,
जिसके भीतर छा रहा जरा का अन्धकार,
जिसकी पलकें हैं झुकी झुर्रियों के नीचे,
निष्प्राण जीव;
वह नासिकाग्र से आगे की क्या बात करे?

इस समतल को नीचे तज कर तारुण्य! उड़ो,
ऊपर अनन्त में महासूर्य से बदो होड़,
ऊपर अनन्त में, जहाँ सर्वदर्शी लोचन
पाकर मनुष्य बन जाता है दूसरा सूर्य;
निस्सीम लोक, जिसकी ऊँचाई पर चढ़ कर
क्षुद्रता-हीनता पर न दृष्टि फिर अड़ती है;
निस्सीम लोक, जिसकी अभंग चोटी पर से
मानवता सारी एक दिखाई पड़ती है।

तारुण्य! सुनो मेरी पुकार,
'जिसमें सबका कल्याण, सभी का वही ध्येय।'
लो बढ़ो, लक्ष्य का आमंत्रण स्वीकार करो।

एकत्व शक्ति, उन्माद राग, पर, सावधान!
हम ध्येय-प्राप्ति की ओर वेग से बढ़ते हैं।
गिरने का भय कब आरोही को रोक सका?

हो जितना भी उत्तुंग कोट,
हम फेंक उमंगों की कमन्द लो चढ़ते हैं।

केवल जेता को नहीं, समर का सुख,
संघर्षों का उन्मादक महानन्द
उनको भी है कुछ ज्ञात वीर जो टूट गिरे
आधी ऊँचाई से। जिनके बलिदानों पर
चढ़ कर उनके उद्दाम बन्धु
उत्तुंग शृंग तक जाते हैं,
दुर्जेय कीर्ति-मन्दिर की चोटी पर चढ़ कर
यौवन की गौरवमयी ध्वजा फहराते हैं।

सम्मुख यह भीषण कोट गगनचुम्बी, विशाल,
संकीर्ण मार्ग, पिच्छल पथ, मुद्रित विकट द्वार,
पग-पग पर खोले खडग भीति दिखलाने को
पहरा देती है घृणा।
खोल दंष्ट्रा कराल हैं दौड़ रहे दैतेय।
राहुओं का समूह है घात लगाये खड़ा
तिमिर का वक्ष चीर उगनेवाले
रवियों को ग्रास बनाने को।

पर, भय क्या? उठने दो पौरुष का रणोद्घोष।
अब भिड़ें लौह से लौह,
शक्ति से शक्ति,
क्रोध से क्रोध,

घृणा की छाती पर कूदे बलशाली अहंकार।
हम उज्ज्वल पौरुष के प्रतीक,
हम हीन भाव, क्षुद्रता, घृणा के नहीं दास।
हम आए हैं जग में भरने को पुण्य-प्रभा,
उद्‌भासित करने को मानस का महाकाश।

शैशव जीवन का मूल।
बालपन में जिसने
क्रीड़ा में तोड़े हैं फणियों के फल कराल,
यौवन आने पर वही मत्त गजराजों के
पाषाण-दन्त युग उन्मूलित कर सकता है।
हर सकता है असहाय मानवों का विषाद
रौरव की दंष्ट्रा तोड़, छुड़ा उसके मुख से
उन अमित बन्धुओं को जो नीचे तड़प रहे
विषदन्त-जनित दुस्सह, दुरन्त ज्वालाओं से।

रौरव से कर नर को विमुक्त,
मृण्मय वसुधा को सुधा-युक्त,
सम्पूर्ण विश्व को दे प्रकाश नर वीर स्वर्ग जब जाते हैं,
तानती ज्योति वन्दन-वितान,
किन्नरियाँ गातीं विजय-गान,
देवता पुष्प-वर्षण कर शीश झुकाते हैं।

तारुण्य! अरे जीवन के शायक वेगवान!
छूटो, छूटो धन्वा से शायक के समान
उस ओर, दृष्टि से व्योम जहाँ टकराता है;

उस ओर, क्षितिज के पार, व्योम से परे, दूर
जो लोक यहाँ से नहीं दृष्टि में आता है।

प्रज्ञा जिसको न हिला सकती,
कुछ भी न क्लेश पहुँचा सकती,
पाषाण-सदृश उस दानव का मद चूर्ण करो।
छा रहा चतुर्दिक् कोलाहल,
हो गया मनुज का ज्ञान विफल,
हो गई पराजित बुद्धि जहाँ, बल से वह आशा पूर्ण करो।

ओ गरुड़! शल-सम पक्ष खोल,
नापो, नापो, सारा खगोल।
हँसने दो यदि दानवी मूढ़-सी हँसती है।
जब आन गिरेगी विषम गाज,
जानेगा दनुजों का समाज,
विद्युत में जो है शक्ति, जवानी की बाँहों में बसती है।

करुणामय की करुणा को शतशः धन्यवाद

करुणामय की करुणा को शतशः धन्यवाद।
हे जननि! अहिंसा की असिधारा पर पग धर
दुष्कर यात्रा कर पूर्ण श्रमित-पद, क्षाम, क्षीण,
अन्ततः, रक्तपंकिलगात्रे! तू पहुँच गई
उस ठौर, जहाँ मुसकाता है
उज्ज्वल स्वतंत्रता का मंजुल मंगल-प्रभात।

सारी वसुधा आनन्दलीन;
है गूँज रहा स्वागत में हर्ष-विकल कलकल।
उल्लसित पूर्व-पश्चिम के ये गोलार्द्ध युगल,
दायें-बायें उठ रही जयध्वनि की तरंग,
उन्नत हिमाद्रि का भाल भींगता जाता है।

उड़ रहा तिरंगा आच्छादित कर सौरमार्ग,
जाग्रत जन-मन में ऊर्ध्वगमन की अभिलाषा।
जनता के हृत्पिंजड़ से कढ़ आनन्द-विहग
ऊपर झंडे के पास पहुँच मँडराते हैं।

वह उधर क्षितिज के पास अधोमुख कान्तिहीन
जो डूब रही है मन्द प्रभा,
वह नहीं चन्द्र की कला,
कुटिल शोणित-पिपासु साम्राज्यवाद की दंष्ट्रा है।
वे दो तारे जो दीख रहे हैं अस्तमान,
आँखें वे इसी दनुज की हैं,
अँधियाले में डूबी प्रकाश की कणिकाएँ
इतिहास-गर्त में पड़े हुए अंगारों-सी।

कल तक जो हँसी उड़ाती थीं,
तुझको पीड़ा पहुँचाती थीं,
वे राजलक्ष्मियाँ आज चकित-विस्मित विभोर
घर-घर से बाँह बढ़ाती हैं,
तुझको अपनी अग्रजा मान
फूलों के हार पिन्हाती हैं।

माँ! देख, मुग्ध यह वृद्ध सिंह
कैसे चरणों से हटा खड़ा
तेरे पद को निज जिह्वा से सहलाता है।
पर, हाय! कहीं यह वन्य जीव
रक्ताक्त जिघांसा को तज कर

करता भारत का शील ग्रहण,
बन पाता तेरा अमिट मित्र!

करुणामय की करुणा को शतशः धन्यवाद!
हे धर्मपालिके! परम पावनी माँ! तेरे
सौभाग्य-उदय से यह कैसी लाली छिटकी,
सम्पूर्ण पूर्व-जग का आनन जगमगा उठा!

है कहाँ आज स्वेच्छाचारी वह कुटिल तंत्र
जो अध कालकक्षों के भीतर जीभ खोल
अथवा फाँसी के तख्तों पर फण फुला-फुला
तेरे निरीह पुत्रों का शोणित पीता था?
हो गया तिरोहित काल-नाग;
हो गए तिरोहित माँ! तेरे वे वीर तनय
जिनके शोणित से भाग्य देश भर का जागा,
पर, हाय! जिन्होंने स्वाधीनता नहीं देखी।

उन वीर हुतात्माओं की स्मृति से रुचिर फूल,
उन धीर शहीदों की पँखुड़ियों की लाली,
उन अजय योगियों के जीवन की त्याग-सुरभि,
ये मिटे नहीं, सब जीवित हैं।
उनसे ही तो सुरभित हैं अपने ग्राम-नगर,
उनसे ही तो शोभित हैं ये वन-विपिन-खेत,
भुज उठा खड़े हैं उनकी पूजा में पहाड़,
नदियाँ गुण गाती हुई सरकती जाती हैं।

माँ! आज पुण्य का पर्व, शहीदों की स्मृति में
अपने कृतज्ञ दो अश्रु-बिन्दु ढल जाने दे।

करुणामय की करुणा को शतशः धन्यवाद।
वह भी था मातः! एक समय
जब हम जड़ता में पड़े हुए अवसाद-ग्रस्त
दासत्व-पाश को विधि का कह अविचल विधान
सोए थे हो निश्चेष्ट
मुक्ति के हित आयास न करते थे।
ऐसी कदर्यता थी, मुख से–
स्वातन्त्र्य शब्द कहने में भी हम डरते थे।

तब फटी भीरुता की बदली,
उच्चरित हुआ गंगाधर के दुर्वार कंठ से महासत्य,
केसरी तिलक की वाणी में
जाग्रत स्वदेश का कंठीरव
प्लुत में चिंघार पुकार उठा,
'स्वातन्त्र्य हमारा जन्मसिद्ध अधिकार'
इसे, जैसे भी हो, हम पाएँगे,
मस्तक का दे बलिदान
मुक्ति की मणि का मोल चुकाएँगे।

फट गई भीरुता की बदली,
फट गया गहन तम किमाकार,
नदियों का जल खलभला उठा
करवट लेकर जागे पहाड़।

यूनियन जैक तिलमिला उठा,
ध्वज काँपा, नीचे नींव हिली,
सत्ता का आनन म्लान हुआ,
जनता को नूतन ज्योति मिली।

तब से तूने, जाने, कितने
पावक-शायक संधान किये,
जानें, होमे कितने सपूत,
कितने किशोर बलिदान किये!

यूनियन जैक का उन्मूलन, पर, हो न सका।
सोने-चाँदी से पिटा हुआ ध्वज-पिंड मूल में था दृढ़तर,
थे किये हुए उसको अजेय
चरणों को कस कर गहे हुए निर्लज्ज किरीटों के पत्थर।

इतने में सत्यव्रती योगी,
कर्मठता के पूर्णावतार
गांधी आए। खुल गया
धर्म के शस्त्रालय का नया द्वार।
वह धर्मशास्त्र जो नहीं आग में जलता है,
जिसको न काट सकतीं लोहे की तलवारें,
जो अयस और प्रस्तर, दोनों पर ही, समगति से चलता है।

है धन्य वीर जो यह धर्मास्त्र उठाता है,
सौ बार धन्य वह पुरुष अहिंसा के सम्मुख
जो खड्ग फेंक लज्जित हो शीश झुकाता है।

यह उसी पुण्यमय महाशस्त्र का फल सुन्दर,
जो ध्वजा शूलवत् कभी हृदय में चुभती थी,
लहराती है अब विनयशीलता में भर कर।

करुणामय की करुणा को शतशः धन्यवाद।
हे जगत्पूजिते! विश्व-धाम के मध्य स्थित
घंटावत् रव-गुण-मय व्यापक यह महा व्योम
तेरी महिमा नित गाता है
त्रिभुवन को तेरी धर्मार्जित
पावन स्वतंत्रता का सन्देश सुनाता है।

बह रहा क्षितिज को छू उद्वेलित मुक्त पवन,
वनराजि मुक्त हो सजती है,
द्रुम के पत्तों में अनिल नहीं सीत्कार रहा,
हरियाली में मांगलिक बीन यह बजती है।

तीनों समुद्र हुंकार रहे। गम्भीर नाद।
गर्जन में भेरी की गत है।
उस मन्दिर के ये ताल भव्य, जिसका किरीट
अवनीतल का सर्वोच्च शृंग हिम-पर्वत है।

प्रस्तुत स्वतंत्रता का यह मणिमय सिंहासन,
बैठो माँ! हम मिल कर आरती सजाएँगे,
नाना भाषाओं में लिखेंगे एक नाम,
नाना छन्दों में एक गीत हम गाएँगे।

करुणामय की करुणा को शतशः, धन्यवाद।
मातः! तेरे चक्रांक-केतु को व्योमदेव
सादर सुनील निज कंचुक पर लहराते हैं,
मस्तक उन्नत कर, मलय, हिमालय, विंध्याचल
झंडे की छवि को देख छके रह जाते हैं।

स्वातन्त्र्य-गरुड़ का पक्ष तीन रंगोंवाला,
इसके झोंके सर्वत्र सौख्य सरसाएँगे;
जिस दिवस पड़ेगी भूतल पर छाया इसकी,
पुलकित-प्रफुल्ल सातों समुद्र लहराएँगे।

यह शान्ति-सुन्दरी के हाथों का इन्द्रधनुष,
कल इसे देख आशा के रंजित पिच्छ खोल
नाचेंगे राष्ट्रों के मयूर। उत्सव होगा।
इस दुर्विजेयता की छाया को देख भीत
अत्याचारी झुक जाएँगे,
बन्दूकों के मुख अनायास मुद्रित होंगे,
सुस्ताएगा संसार शान्ति की छाँह-तले,
निश्चय विमुक्त युद्ध के रोग से भव होगा।

हो दूर भविष्यत् की चिन्ते! मानस के भय!
री आशंके! अब और नहीं आतंक जगा।
हो चुका उदित प्राची के पट पर युग नवीन,
यह केतु उसी की किरणों में लहराता है।
इस महाकेतु के नीचे सारे ग्राम-नगर,

सागर-उपसागर, शैल-शृंग, वन-विपिन-खेत
युग-युग भोगें सुख-शान्ति स्नेह में बँधे हुए।

करुणामय की करुणा को शतशः धन्यवाद।
भारत का मन सारी वसुधा से एक रहे।
अयि राष्ट्रनायिके! मंगलमयि! तेरी जय हो!

ऋण-ज्ञापन

1. **झील, वातायन, नाम, कवि और प्रेमी, तुम सड़क पर जा रहे थे** एवं **रूपान्तरण**–इन छह कविताओं के लिए पुर्तगाली भाषा के युवक कवि अलबर्तो द लकर्दा के प्रति। कवि का जन्म-वर्ष सन् 1928 ई.। अंग्रेजी अनुवाद स्वयं कवि और आर्थर वाले द्वारा।
2. **समुद्र का पानी और आधा चाँद**–इन दो कविताओं के लिए स्पेनिश भाषा के कवि स्वर्गीय फेडेरिको गार्सिया लोर्का के प्रति। समय सन् 1899 से सन् 1936 ई.। अंग्रेजी अनुवाद ल्वायड मल्लान तथा मेरविन कृत।
3. **काढ़ लो दोनों नयन मेरे** तथा **क्या करोगे देव! जिस दिन मैं मरूँगा**–इन दो कविताओं के लिए जर्मन भाषा के कवि स्वर्गीय आर.एस. रिल्के के प्रति। समय सन् 1875-1926 ई.। अंग्रेजी अनुवाद बैबेट ड्यूश कृत।

4. **जान सकता हूँ अगर साहस करूँ** तथा **तूफान**—इन दो कविताओं के लिए कैथलीन रैने के प्रति। **समानान्तर** शीर्षक कविता के लिए जोन वालर के प्रति। **समाधान, ज्योतिष** और **रचना** शीर्षक कविताओं के लिए एलिजाबेथ जेनिंग्स के प्रति तथा **प्रश्नोत्तर** के लिए प्रैट ग्रीन के प्रति। ये चारों व्यक्ति अंग्रेजी भाषा के अत्याधुनिक कवियों में से हैं और अभी जमकर लिख रहे हैं।
5. **वेदना का रसायन** नामक कविता के लिए जर्मन भाषा के दार्शनिक और कवि स्वर्गीय फ्रेडरिक विलहेल्म नीत्शे के प्रति। समय 1844-1900 ई.। अंग्रेजी अनुवाद एच.ए. सिपमैन कृत।
6. **प्रेम, पाप** और **किशोर कवियों से**—इन तीन कविताओं के लिए जर्मन भाषा के कवि स्वर्गीय जोहान क्रिश्चियन फ्रेडरिक होल्डरलीन के प्रति। समय 1770-1843 ई.। अंग्रेजी अनुवाद माइकल हैम्बर्गर कृत।
7. **नारी** कविता के लिए जर्मन कवि स्वर्गीय जूलियस रोडनबर्ग के प्रति। समय 1831-1914 ई.। अंग्रेजी अनुवाद सिपमैन कृत।
8. **काँगड़ी, मनुष्य की कृतियाँ, हाथी रति में बहुत धैर्य धरते हैं**, **त्राता** तथा **सात कवच**—इन पाँच कविताओं के लिए अंग्रेजी के कवि स्वर्गीय डी.एच. लारेंस के प्रति। समय 1885-1930 ई.।
9. **सौन्दर्य की प्रतीक्षा** नाम्नी कविताओं के लिए अमेरिका के अंग्रेजी कवि केनेथ पशेन के प्रति। कवि का जन्म-वर्ष सन् 1911 ई.।

10. **मानिनी** शीर्षक कविता के लिए फ्रेंच भाषा के कवि स्वर्गीय चार्ल्स क्रोज़ के प्रति। समय 1842-1888 ई.। ये कवि आविष्कारक भी थे। अंग्रेजी अनुवाद एन्थोनी हार्टले कृत।
11. **नामांकन** नामक कविता के लिए अंग्रेजी के कवि वाल्टर सैवेज लैंडर के प्रति। समय 1775-1864 ई.।
12. **लड़की** तथा **जाओ मेरे गान**–इन दो कविताओं के लिए अमेरिका के अंग्रेजी कवि एज़रा पाउंड के प्रति। कवि का जन्म-वर्ष सन् 1885 ई.।
13. **बर्बर कवि** नामक कविता के लिए रूसी भाषा के कवि स्वर्गीय निकोलाइ गुमिलेव के प्रति। समय सन् 1886-1921 ई.। अंग्रेजी अनुवाद पिंटो कृत।
14. **सुख** शीर्षक रचना के लिए चीनी भाषा के आधुनिक कवि हो-चिह फाङ् के प्रति। कवि का जन्म-वर्ष सन् 1911 ई.। **सूर्य की पुकार** और **विदा** शीर्षक रचनाओं के लिए चीनी भाषा के आधुनिक कवि आइ चिङ् के प्रति। जन्म-वर्ष सन् 1910 ई.। **वेनिस** और **प्राचीन स्वप्न**–इन दो रचनाओं के लिए फेंग-चिह के प्रति। जन्म-वर्ष सन् 1905 ई.। **आएगा वह दिन** के लिए सेंग-को-चिया के प्रति तथा **शायद** शीर्षक रचना के लिए वेन-इ-तुओ के प्रति। समय सन् 1898-1946 ई.। अंग्रेजी अनुवाद राबर्ट पेन द्वारा सम्पादित।
15. **वसन्त का स्वागत** तथा **रूप और प्रेम** नामक रचनाओं के लिए जर्मन भाषा के रोमांटिक कवि हेनरिक हाइने के प्रति। समय 1799-1856 ई.। अंग्रेजी अनुवाद हम्बर्ट वुल्फ कृत।

16. **तारुण्य! मुझे दो पंख** नामक रचना के लिए पोलिश भाषा के प्रसिद्ध कवि स्वर्गीय अदम मित्सकेविच के प्रति। समय 1798- 1855 ई.। अंग्रेजी अनुवाद प्रोफेसर न्वायस कृत।
17. **करुणामय की करुणा को शतशः धन्यवाद** नामक रचना के लिए मलयालम भाषा के कवि श्री जी.सी. कुरुप के प्रति। आपकी उम्र अभी पचपन-छप्पन के करीब है।

○○○